ANTONINO RUSSO

PENSIERO EFFICACE

Come Raggiungere Il Successo Personale Arginando Gli Effetti Dell'Ignoranza Funzionale

Titolo

"PENSIERO EFFICACE"

Autore

Antonino Russo

Editore

Bruno Editore

Sito internet

http://www.brunoeditore.it

Infografiche a cura di

Simona Cicorella (Frame s.r.l.)

Sommario

Introduzione — pag. 5

Cap. 1: Riconoscere le diverse forme d'ignoranza — pag. 19

Cap. 2: I problemi derivanti dall'ignoranza funzionale — pag. 48

Cap. 3: Raggiungere il successo con il *funnel model* — pag. 128

Cap. 4: Il mio esempio di percorso nel *funnel* — pag. 203

Conclusione — pag. 222

Ai miei giorni, tutti,

al buio e alla luce.

A chi ha visto solo un pezzo di me

e immaginato fossi solo quello.

A chi non c'è più,

ma c'è più di chiunque altro.

Introduzione

La ricerca della felicità ha un peso importante nella vita di ciascuno di noi, sarai d'accordo con me (e penso che sarebbe pronto ad affermarlo chiunque), tuttavia, alla domanda: "Cos'è per te la felicità?" otterremmo tante risposte diverse quanti sarebbero gli intervistati. Questo a dimostrare, invece, la profonda soggettività di uno stato che, solo apparentemente, può essere una generalizzazione.

È chiaro, dunque, che non esistono e non potranno mai esistere le tanto inseguite "ricette della felicità", proprio per l'unicità di ogni essere umano. Al più, un tratto comune che potremmo riconoscere alla felicità è quello della condivisione, nel senso che molta parte della felicità verrebbe, se non annientata, quantomeno compromessa, se fosse raggiunta in solitudine (pensa a quale gioia potresti provare se tu ottenessi un grosso riconoscimento, ma con l'obbligo di non dirlo a mai nessuno).

Non esistono le "ricette della felicità"; esiste, invece, cercare quanto più possibile di comprendere ciò che può renderci felice e perseguirlo.

"Siamo felici quando si ha conoscenza di ciò che è bene per noi", diceva Socrate, condizione questa, a prima vista, necessaria, ma ancora non sufficiente a realizzare il nostro sogno di benessere.

Non è raro, infatti, penso tu possa condividerlo, almeno per qualche episodio della tua vita, aver compreso ciò che è meglio per noi ma essere bloccati da altri meccanismi che c'impediscono, poi, di tradurlo in pratica.

A ben guardare, però, l'essere vittime di tali meccanismi deriva comunque dal fatto che ragioniamo male, che siamo, in fondo, ignoranti.

Ma non c'è da spaventarsi, l'ignoranza è la condizione normale dell'uomo. Sì, proprio così. Per quanto noi vogliamo demonizzarla o vergognarci di essa o dissimularla, l'ignoranza è lo stato naturale dell'essere umano e per quanto, invece, vogliamo contrastarla, dobbiamo avere ben chiaro che non esistono confini che possano contenerla: essa è infinita.

Dobbiamo, dunque, arrenderci ad essa? No, certo che no.

Anche la fame è una nostra condizione naturale, non per questo non facciamo tutto il possibile per alimentarci e per non morire di stenti. Vale allo stesso modo per l'ignoranza: dobbiamo fare tutto il possibile per arginarla e per non morire di nullità; dobbiamo imparare a gestirla.

Ma tu, come sei messo riguardo al raggiungimento del tuo stato di benessere, della tua felicità? Senti di aver già toccato la tua personale e completa realizzazione o sei ancora in modalità "cerco ma non trovo?". Se così fosse, niente panico, sei semplicemente tra la maggior parte degli esseri umani, ma il solo fatto di avere tra le mani un libro (e poi… questo libro) ti differenzia dalla gran parte di loro che hanno fatto una scelta diversa. Lo vedremo più avanti.

Se sei tra quelli realizzati, beh, vale la stessa cosa in egual misura. Il fatto che tu abbia davanti a te queste pagine ti differenzia dagli altri per la spinta a volerti ancora migliorare. In entrambi i casi, complimenti… Far propria l'idea che il miglioramento della nostra vita passi dal miglioramento nella nostra condizione naturale di ignoranza, anche se sembra banale, è davvero un grande passo.

Il punto è che la matassa non si districa sulla frontiera tra il sapere e il non sapere, magari fosse così facile. L'assillo è più interno ad ognuno dei due opposti appena citati: in particolar modo, nell'area del sapere sta nella relazione tra "cosa so" e "come lo so" (con che livello di qualità) e nell'area del non sapere tra "cosa so di non sapere" e "cosa non so di non sapere".

Potremmo spingerci ancora in diverse sottocategorie, ma basta fermarci qui, per l'obbiettivo da raggiungere con questo libro.
Qual è questo obbiettivo?
Semplice: voglio aiutarti a pensare meglio.

Come?
Non è questo un libro di filosofia: quindi non voglio spendermi in laboriose disquisizioni sul sapere. Non è questo un libro di psicologia: quindi non contiene alcuna cura o analisi della personalità. Non è questo un libro di ideologia: quindi non voglio portarti a favore di una o dall'altra delle diverse tesi che verranno esposte. È questo, invece, semplicemente un libro di formazione molto basato sull'osservazione.

Osservazione della realtà da un punto di vista mobile, capace di andare da un lato all'altro delle questioni, dei comportamenti umani, delle azioni vincenti o perdenti che hanno fatto la differenza nella mia di vita e in quella di molte persone che ho avuto modo di guardare nel corso di diversi anni di gestione di risorse umane.

Mi occupo di management, di direzione aziendale e ciò che vale nel mondo del business, in ordine ai concetti di sapere, di saper fare e di saper essere, vale in tutti gli altri contesti di vita, ne è figlio. Sono convinto di poterti dare una nuova angolazione da cui guardare le cose e ti sfido in questo.

Vorrei portarti alla fine di queste pagine ad avere gli occhi un po' più aperti, sia verso l'esterno che verso l'interno di te.

Zaino in spalla e...

Prima di partire è necessario, però, dotarci dell'equipaggiamento giusto. Prendiamo il nostro zaino, forniamolo delle considerazioni che seguono (sono necessarie) e iniziamo il viaggio.

Il modello Idee, Azioni, Risultati è oramai affermato in gran parte della letteratura sul miglioramento personale.

I nostri Risultati dipendono dalle Azioni che, quotidianamente, poniamo in essere, e le Azioni dipendono dalle nostre Idee. Chiaro.

È ormai certo che, per migliorare i nostri risultati, sia necessario agire quanto più alla base del modello, cioè sulle idee, poiché agendo sulle azioni (ma lasciando immutate le idee) i risultati tenderanno ad essere sempre gli stessi.

Anzi, se utilizziamo un modello circolare e più completo, in realtà, i risultati tendono a peggiorare col tempo, poiché, entrando in gioco l'elemento delle risorse, la spirale diventa degenerativa.

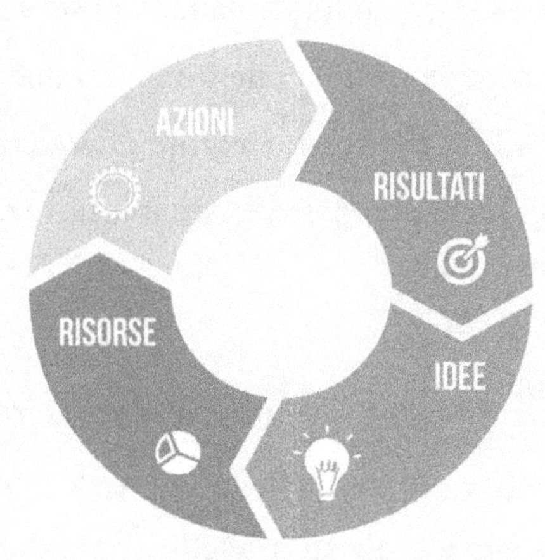

Le idee danno accesso alle risorse, attraverso le quali si pongono in essere le azioni che portano ai risultati.

È evidente, secondo questo schema, che risultati insoddisfacenti compromettono le nostre convinzioni o idee.

Quest'ultime, così condizionate, ci fanno mettere in moto risorse sbagliate che portano ad azioni sbagliate e, inesorabilmente, a risultati ancora più insoddisfacenti, con un meccanismo degenerativo della nostra persona.

Il modello funziona in egual misura anche in senso positivo, cioè: se le nostre idee sono corrette, ci mettono in condizione di vedere e di sfruttare le migliori risorse (interne ed esterne a noi stessi), attraverso le quali poter compiere le azioni giuste che conducono a risultati vincenti.

Questi risultati rafforzano le nostre idee/convinzioni e… il meccanismo riparte, migliorandoci sempre più. È facilmente comprensibile, seguendo questi modelli, come l'ambito delle idee sia il fondamento cardine che decreta il successo o l'insuccesso di una persona (inteso come realizzazione di se stesso in base a quelle che sono le proprie propensioni).

Alla base delle idee c'è, però, un altro fattore ancora più importante: il nostro "Io" più profondo, il nostro modo di essere che è generato dal dualismo, tra la nostra mente razionale e la nostra mente emozionale. Si tratta di quell'equilibrio unico, distintivo e irripetibile che fa essere ognuno di noi una persona diversa dall'altra.

È questo il nostro patrimonio più importante, che, se imparassimo a gestire nel migliore dei modi, potrebbe darci delle rendite così grandi che nemmeno immaginiamo.

"Il più grande territorio non sfruttato del mondo si trova sotto il tuo cappello", afferma Harvey B. Mackay. Siamo stati, storicamente e tradizionalmente, abituati a gestire meglio solo una delle due parti (quella razionale), provocando un disequilibrio generale, che ha portato allo stato del mondo attuale.

Questo con dei benefici che sono innegabili, da un lato, ma, dall'altro, ci ha resi orfani di quegli strumenti che, invece, oggi, con le trasformazioni globali che sono in atto, si rendono indispensabili per affrontare il futuro.

Attualmente, l'effetto più devastante di questo tipo di evoluzione basato totalmente sull'intelligenza razionale per le nostre società è, a mio avviso (e, credo, non solo mio), lo sviluppo sempre maggiore di un tipo di ignoranza: "l'ignoranza funzionale".

Quest'ultima si autoalimenta attraverso le dinamiche di progresso che tutti conosciamo e crea i disastri, che, quotidianamente, leggiamo nelle scelte politiche, sociali e anche personali. Queste vengono, in larga misura, operate attraverso assunti che non sono veritieri (o almeno, non nelle dimensioni percepite).

Le nostre idee vengono potentemente condizionate da archetipi, modelli, concetti, trasmessi sempre più attraverso strumenti che fanno massicciamente uso di immagini, filmati, e di alti elementi fortemente evocativi. Questi dialogano direttamente con la nostra mente emozionale, *bypassando* quella razionale, che ne è, invece, successivamente, influenzata nell'accedere a quelle risorse e, di conseguenza, nel mettere in moto quelle azioni di cui dicevamo prima.

È più che mai indispensabile (se il nostro cervello non può essere impermeabile a questi condizionamenti) cercare di imparare a identificarli e costruire la capacità di "pulire" i nostri meccanismi di pensiero da queste scorie, che non ci permettono di essere i veri noi stessi.

Tale capacità è quella che farà la vera differenza nel futuro: la capacità di saper pensare.

Non si tratta di essere filosofi o grandi cultori, ma semplicemente di essere in grado, partendo dalle modalità di pensiero, di giungere a risultati, per la nostra vita, quanto più soddisfacenti possibile.

Tornando al punto di vista mobile di cui parlavo prima, iniziamo subito, come piccolo esercizio, ad invertire lo sguardo in merito alla concezione largamente diffusa che ci siamo costruiti, nella nostra attuale epoca storica, in risposta alle enormi trasformazioni che ci stanno conducendo verso un nuovo mondo, a quella che è la "rivoluzione mentale più grande della storia dell'uomo".

Entriamo, dunque, nel vivo, esercitandoci a spostare il nostro punto di vista e a ragionare in maniera anticonvenzionale, fuori dai normali schemi (che è una cosa che dobbiamo imparare a fare, se vogliamo raggiungere risultati). Lo facciamo con ciò che scrive Alessandro Baricco in *The Game* e che come meglio di lui nessun'altro sarebbe capace di fare:

"Crediamo che la rivoluzione mentale sia un effetto della rivoluzione tecnologica. È vero, invece, il contrario. Pensiamo che i computer abbiano generato una nuova forma d'intelligenza. Inverti la sequenza, subito: un nuovo tipo d'intelligenza ha generato i computer. Vuol dire: una certa mutazione mentale si è procurata gli strumenti adatti al suo modo di stare al mondo e l'ha fatto molto velocemente.

Quel che ha fatto la chiamiamo 'rivoluzione digitale'.

Non chiederti che tipo di mente può generare l'uso di Google, chiediti che tipo di mente ha generato uno strumento come Google. Smettila di cercare di capire se l'uso dello smartphone ci disconnette dalla realtà e dedica lo stesso tempo a cercare di capire quale tipo di connessione alla realtà cercavamo quando il telefono fisso ci è sembrato definitivamente inadatto.

Se la rivoluzione digitale vi spaventa, invertite la sequenza e chiedetevi da cosa stavamo scappando quando abbiamo infilato la porta di una simile rivoluzione. Cercate l'intelligenza che ha generato la rivoluzione digitale: è assai più importante che studiare quella che ne è stata generata: ne è la matrice originaria. Perché l'uomo nuovo non è quello prodotto dallo smartphone: è quello che lo ha inventato, che ne aveva bisogno, che se l'è disegnato a suo uso e consumo, che lo ha costruito per fuggire da una prigione, o rispondere a una domanda, o zittire una paura".

È essenziale capire questo, perché, molto spesso, è nelle nostre menti la raffigurazione di un uomo del futuro robotico e lontano dalla sua natura.

Credo, in realtà, nel contrario, perché per ogni passo in avanti che l'uomo farà, avrà bisogno, contestualmente, di farne uno indietro per ricordare a se stesso la sua essenza umana.

Avrà bisogno, quindi, di sviluppare le sue caratteristiche più intime e profonde di umanità, per sentirsi ciò che in realtà è: un essere umano.

Quanto sopra, c'introduce violentemente in quello che è l'obiettivo (come già detto) di questo libro: aiutarti a pensare meglio. È questo il contributo che vorrei dare e, in questo, ho ribadito il *cosa*, ho anche accennato prima al *come*, il *quando* è adesso, mi resta da dichiarare il *perché*. Perché voglio farlo?

Perché aiutare le persone in qualcosa, è l'unico, vero, importante gesto che può rendere grande ognuno di noi.

Se alla fine di questo lavoro sarò riuscito a migliorare anche una sola briciola di te, avrò già raggiunto il mio grande scopo. Basta aver migliorato una sola piccolissima idea o convinzione; essa si concretizzerà in una tua azione fatta meglio, che genererà, a sua volta, un piccolo risultato migliore per te, che influenzerà qualcun altro, e così via.

Tutto questo, moltiplicato per tanti *te* e tanti *me,* è un grande miglioramento per il futuro, e già solo averti trasferito questo concetto lo è.

Si, perché è questo il più grande consiglio che voglio darti: ricordati il futuro.
Il tuo futuro può essere protetto solo dal suo passato, cioè dal tuo presente, "qui ed ora".

Capitolo 1:
Riconoscere le diverse forme di ignoranza

1.1 Effetto Dunning-Kruger e Sindrome dell'Impostore: due facce di una medaglia

> *"Il saggio sa di essere stupido.*
> *È lo stupido, invece, che crede di essere saggio".*
>
> *William Shakespeare*

Quando McArthur Wheeler (quarantaquattr'anni di età e centoventi chili di peso) venne prelevato dalla polizia di Pittsburg e condotto in commissariato con l'accusa di rapina a mano armata; la sua prima sensazione fu quella di sorpresa, d'incredulità.

Posto davanti alla registrazione che lo mostrava, a volto scoperto e con una pistola in mano, sorridere alle telecamere di sorveglianza mentre usciva dalle due banche che aveva poco prima rapinato: "non è possibile" – mormorò – "avevo il volto cosparso di succo di limone". E per lui, davvero, non poteva proprio essere pensabile: essere stato riconosciuto con del succo di limone in faccia.

Il succo di limone, si sa, permette di scrivere lettere invisibili, leggibili solo avvicinandole ad una fonte di calore, quindi capace di nascondere. Perché mai con lui non avrebbe dovuto funzionare?

A rafforzare la sua ipotesi, fu un test che aveva fatto prima di imbattersi in quest'avventura. Un antenato di quel gesto così in voga oggi, che chiamiamo "selfie", scattato con una Polaroid (siamo nel 1995) aveva mostrato un'immagine vuota (probabilmente perché il succo di limone negli occhi non gli aveva consentito di prendere bene la mira) e aveva materialmente certificato la sua convinzione.

Le consulenze tecnico-scientifiche conclusero che Wheeler non era né pazzo, né drogato, solo assurdamente in errore. L'ironia che tirò dietro di sé una notizia del genere non lasciò indenne, tra gli altri, David Dunning, professore di Psicologia sociale alla Cornell University, che la lesse sul *World Almanac*.

Nei giorni successivi, mise in piedi uno studio con un suo laureando, Justin Kruger (ora docente presso la Stern School of Business, della New York University). "Se Wheeler era troppo stupido per essere un rapinatore, forse era anche troppo stupido per sapere di essere troppo stupido". Questo era il pensiero di fondo che girava nella testa del professor Dunning.

Il loro paper *Unskilled and Unaware of It: How difficulties of recognizing one's own incompetence lead to inflated self-assessments* venne pubblicato nel 1999 e, da allora, è un piccolo classico degli studi sull'ignoranza di sé. Il risultato delle ricerche dei due studiosi è conosciuto come Effetto Dunning-Kruger (Antonio Sgobba «Il paradosso dell'ignoranza da Socrate a Google». Il Saggiatore.).

I due accademici hanno dimostrato che meno un individuo è competente in un compito specifico, più è probabile che riterrà di esserlo in tale compito. Dunning e Kruger hanno posto ad alcuni studenti universitari una serie di domande su grammatica, logica e battute, poi hanno chiesto a ciascuno di stimare il proprio punteggio complessivo e la propria posizione rispetto agli altri studenti.

Gli studenti che hanno ottenuto il punteggio più basso in questi compiti cognitivi hanno sempre sopravvalutato il loro grado di successo e hanno stimato di aver eseguito meglio dei due terzi degli altri studenti. I ricercatori hanno poi proseguito i loro esperimenti in altri ambiti. Risultato: le persone molto poco esperte hanno una scarsa consapevolezza della loro incompetenza.

Sarà capitato anche a te di avere a che fare con persone con scarso senso dell'umorismo che, raccontando barzellette, rimangono sinceramente sconcertate, quando chi le ascolta non ride a crepapelle.
È incredibile rendersi conto della loro inconsapevolezza rispetto al loro pessimo grado di humor. Dunque, più si è ignoranti e più si è convinti di non esserlo.

"Quando le persone sono incompetenti nelle strategie che adottano per ottenere successo e soddisfazione, sono schiacciate da un doppio peso: non solo giungono a conclusioni errate e fanno scelte sciagurate, ma la loro stessa incompetenza gli impedisce di rendersene conto.

Al contrario, come nel caso di Wheeler, loro hanno l'impressione di cavarsela egregiamente", spiega il professor Dunning (Antonio Sgobba «Il paradosso dell'ignoranza da Socrate a Google». Il Saggiatore). Ma se ciò è vero, è vero anche ciò che è all'opposto, l'altra faccia di questa medaglia.

"Ottimo esame, davvero. Vorrebbe scrivere una tesi di dottorato su questo argomento? Passi in ufficio nei prossimi giorni, ne parleremo". Si congeda così la professoressa di Nina, dopo gli esami orali alla fine del suo corso di studi. La fresca laureata in Matematica, però, non riesce a rallegrarsi per il complimento.

Nella sua testa mulinano pensieri del tipo: "Davvero buona l'esaminatrice, mi ha chiesto solo cose facili. Sono stata fortunata. Adesso mi guarderò bene dal discutere con lei di questioni professionali, altrimenti si accorgerà che ho bluffato, e scoprirà tutto quello che non so". Nina insiste con questi pensieri, finché nella sua mente matura una certezza: nonostante l'ottimo esame, non accetterà mai l'offerta di Dottorato della docente (http://www.lescienze.it/news/2010/11/26/news/la_sindrome_dell_impostore-553885/).

È la storia di Nina, brillante studentessa di Matematica. Rinuncerà a una grande occasione per il timore di essere smascherata, anche se, in realtà, aveva studiato molto ed era perfettamente preparata.

I più competenti tendono a sottovalutare le proprie competenze; arrivano facilmente alle risposte giuste e credono che anche gli altri siano in grado di giungere, con altrettanta facilità, alle stesse conclusioni.

Di conseguenza, quando si tratta di dare una valutazione su se stessi, non si collocano nella fascia alta. È l'Effetto del Falso Consenso: "la tendenza a pensare che gli altri agiscano in modo simile al proprio, ed è coerente con gli studi sull'attribuzione della conoscenza, i quali mostrano che le persone sovrastimano la quantità di persone in possesso della loro stessa conoscenza", come afferma sempre Antonio Sgobba.

È questo il fenomeno della Sindrome dell'Impostore (l'espressione fu coniata dalle psicoterapeute Suzanne A. Imes e Pauline Rose Clance), della quale soffrono, in genere, quelli che "impostori" non sono.

Si tratta di una condizione mentale di chi riesce meglio degli altri in diversi ambiti, ottenendo anche successo e riconoscimenti di cui, invece, si sente indegno, imputando tale successo al caso fortuito, a varie coincidenze e non alle proprie capacità.

Chi si trova in questa condizione vive nel costante timore che venga scoperto il suo imbroglio (che in realtà non esiste) e palesata la propria incompetenza.

La verità è che più aumenta l'ambito delle competenze e più si è esposti a ciò che non si conosce.

Meryl Streep (premio Oscar per ben tre volte) ha affermato: "Pensi sempre: ma è possibile che la gente abbia ancora voglia di venire a vedermi in un film. E comunque io non so recitare. Che ci faccio qui?".

Il premio Nobel per la Letteratura, John Steinbeck, sosteneva: "Io non sono uno scrittore, ho ingannato me stesso e gli altri". Poco prima di morire, Albert Einstein, l'uomo della Teoria della Relatività, confidò a un amico: "La considerazione esagerata in cui viene tenuto tutto il mio lavoro, mi mette a disagio e, talvolta, mi fa sentire un imbroglione, anche se involontario".

1.2 Troppo ignoranti o troppo sapienti: l'azzardo degli estremi

"La causa principale dei problemi è che, al mondo d'oggi,

gli stupidi sono strasicuri,

mentre gli intelligenti sono pieni di dubbi".

Bertrand Russell

Io da che parte sto? Dove sono collocato?

È questa una domanda importante a cui ognuno di noi dovrebbe dare o, quantomeno, cercare risposta.

Immagino la tua faccia, adesso che te lo stai chiedendo!

Di fronte ad una società che ha totalmente cambiato gli assiomi fondamentali dello stare al mondo, di fronte ai mutamenti che investono qualsiasi ambito del vivere, di fronte a fenomeni sempre più incomprensibili dei quali sempre più persone, invece, si sentono esperte, la domanda è: sono tra gli ignoranti o tra i falsi impostori? Osservare i comportamenti umani da una prospettiva leggermente più esterna ad essi è come sedersi dinnanzi al più grande spettacolo di comicità che sia stato mai creato.

E la cosa fantastica è che è ce n'è per tutti i gusti.

E la cosa ancora più strabiliante è che è tutto naturale e gratuito.

Basta semplicemente fermarsi un attimo, porsi nella condizione giusta per godersi lo spettacolo. Ma poi: qual è questa condizione giusta?

L'effetto Dunning-Kruger e la Sindrome dell'Impostore sono due estremi legati da una linea caratterizzata, per definizione, da infiniti punti su cui allocarsi. Il fatto è che, per nostra natura, normalmente non siamo noi a decidere dove stare, ma un insieme complesso e combinato di elementi interni ed esterni a noi stessi.

Ho provato a forzare un po' questa cosa giocando a spostare il punto di osservazione su questa linea, un po' da una parte e un po' dall'altra, e l'effetto è stato tanto drammatico quanto esilarante.

Molti sostengono che la gran parte dell'ignoranza sia razionale e che riguardi aspetti periferici dell'esistenza umana, che possa, all'occorrenza, essere "sconfitta" con l'impegno e la ricerca nell'acquisizione di competenze che, se non servissero, il costo e la fatica per ottenerle supererebbe il beneficio di averle.

Questo può essere vero per tutto ciò che so di non sapere.

C'è una realtà però più profonda: gran parte dell'ignoranza non è periferica, ma centrale; concerne aspetti esistenziali che hanno a che fare con l'essere noi stessi e questo riguarda, invece, cosa non so di non sapere.

È come nascere e vivere una vita intera all'interno di uno spazio delimitato da altissime pareti che non ha senso cercare di varcare, semplicemente perché non immaginiamo assolutamente che al di là di quelle pareti possa esserci altro di diverso rispetto a quello che c'è al di qua.

Per tutta la vita, risolveremo i nostri problemi e vivremo le nostre vicende con quel che abbiamo all'interno del nostro confine cognitivo, non perché lo vogliamo, ma perché questo non ci permette di guardare fuori e di avere proprio l'opzione mentale che si potrebbe guardare fuori.

Saremo, così, i "regnanti del nostro reame" con la sicurezza di conoscere tutto ciò che è all'interno, e di essere i più bravi ad utilizzare tutte le alternative esistenti. Peccato che quel mondo, però, è solo il nostro, non quello reale. È (rispetto a quello di cui parlavo nell'introduzione) ciò che "non so di non sapere".

È la condizione descritta da Dunning e Kruger per la quale, il più delle volte, gli ignoranti non sanno di essere ignoranti. È un cane che si morde la coda.

Per superare l'ignoranza più profonda, bisogna sapere di essere ignoranti, ma se la nostra ignoranza non ci permette di farci capire che siamo ignoranti, come la mettiamo? Il primo passo per uscire fuori da questo vortice, come risulta molto evidente, è quello della consapevolezza.

È questa la prima arma necessaria per metterci nelle condizioni di chiedere ad altri, di aprirci al confronto, alla valutazione delle tesi altrui, all'approfondimento e al raggiungimento di conclusioni quanto più vicine possibile alla realtà. Ma come facciamo ad averla questa benedetta consapevolezza di essere ignoranti, se è la nostra stessa ignoranza che ce la maschera?

Bisogna partire da un assunto: sono ignorante… e non me ne vergogno. È questo l'unico presupposto di base, relativamente a una materia o a uno specifico argomento, che ci può mettere nella condizione di ricercare, approfondire, analizzare, confrontarci e farci un'idea, che deve sempre e comunque rimanere *aperta*.

È questo, in fondo, quello che ho cercato di fare in questo testo.

Ma se l'idea che ci facciamo rimanesse, poi, troppo *aperta*?

Se tutte le competenze acquisite sulla materia o sullo specifico argomento ci aprissero gli occhi su un universo di infinite possibilità riguardo a quella materia o a quello specifico argomento, tali da farci sentire inadeguati, impreparati, timorosi di poter sostenere il nostro sapere, perché potrebbe essere troppo carente rispetto alla grandezza della materia stessa e a quanto, altri potrebbero sapere in merito?

Eccoci caduti nella trappola della Sindrome dell'Impostore.

È come nascere e vivere una vita intera all'interno di uno spazio enorme, sconfinato, mutabile, aperto, senza pareti, nel quale è difficile individuare dei punti di riferimento stabili. Per tutta la vita, risolveremo i nostri problemi e vivremo le nostre vicende col profondo senso di inadeguatezza di chi è troppo piccolo di fronte all'esistente.

Non cercheremo mai di scalare alcuna posizione, poiché non ci sentiremo idonei a farlo, nella profonda convinzione che qualcun'altro lo merita più di noi o che non saremmo in grado di…

Ti sarai certamente trovato di fronte alla generica considerazione che, molte volte, gli ignoranti e i presuntuosi occupano le posizioni migliori all'interno della società, mentre i più colti e i più capaci sono spesso rilegati a ruoli di margine. Il disturbo della Sindrome dell'Impostore, che colpisce soprattutto le donne, (ma anche gli uomini non ne sono indenni) non permette di interiorizzare i propri successi ed è fenomeno di studio da parte di moltissimi educatori e psicologi.

La cosa può nuocere alla carriera e impedisce di trovare il coraggio per progetti nuovi. È, anche qui, un cane che si morde la coda.
Per superare la sensazione d'inadeguatezza e d'impreparazione, bisogna sapere di essere preparati, ma se è proprio la nostra preparazione che non ci permette di farci capire che siamo preparati, come si aggira l'ostacolo?

Anche qui, è abbastanza evidente: è la consapevolezza, a giocare il ruolo fondamentale. È anche questa la prima arma in grado di aiutarci a venir fuori da una brutta spirale. Ma come facciamo ad averla questa benedetta consapevolezza di essere preparati, se è la nostra stessa preparazione che ce la maschera?

Bisogna partire da un assunto: sono preparato… e non ho paura di dimostrarlo. È quest'assunto, nei confronti di una materia o di uno specifico argomento, che può metterci nella condizione di avere un confronto costruttivo con più parti.

Bisogna ascoltare più opinioni, discutere con più mentori, capire che anche loro sono "umani come noi", osservare i loro errori.

Se vediamo un luminare andare in difficoltà su alcune questioni, ci fa prendere fiato e comprendere che chiunque può sbagliare e nessuno è possessore di verità assolute e perfette. È anche questo, in fondo, quello che ho cercato di fare in questo testo.

La consapevolezza, dunque. È questa la prima strategia che voglio fornirti, il primo livello del modello a cui ho pensato e che analizzeremo alla fine di questo scritto.

Desidero, per adesso, dartene qualche cenno, quanto serve per affrontare il prosieguo della lettura, per poi approfondire il concetto (come dicevo) nella parte finale del libro.

La consapevolezza è la capacità di comprendere la realtà così per come essa realmente è, sia che si tratti della realtà esterna che di quella interna a noi stessi.

La consapevolezza è la condizione primaria per qualsiasi processo di miglioramento, riguardante, a maggior ragione, gli schemi di pensiero.

Nulla può essere migliorato o, quantomeno, cambiato, se non ne si conosce lo stato attuale, se non si è consapevoli della reale situazione di fatto. Sembra banale quello che ho appena scritto, ma è, invece, il primo grosso deficit che la maggior parte di noi (chi più chi meno) possiede, almeno in alcuni contesti della propria vita.

Una persona con elevata consapevolezza è pienamente padrone della propria mente, dei propri pensieri e delle proprie emozioni, riesce ad incanalare i suoi interessi verso direzioni giuste ed è capace di affrontare decisioni lucide e azioni efficaci.

Una persona con bassa consapevolezza, invece, fa osservazioni poco accurate, si preoccupa di aspetti non veramente importanti e anche le sue azioni sono, in genere, poco efficienti e poco efficaci, perché figlie di decisioni poco inclini ad assumersi responsabilità, ma piuttosto ad accomunarsi agli standard che lo circondano.

Il deficit di consapevolezza, come dicevo, che vogliamo riconoscerlo o meno, è molto diffuso in ciascuno di noi (ritornando alla domanda iniziale, sia che siamo troppo colti che troppo ignoranti) e la società in cui siamo immersi, il sistema scolastico, l'alveo familiare, non ci aiutano molto a colmarlo. Inoltre, l'avanzamento tecnologico, come vedremo, rischia di peggiorare ancora di più la situazione.

La buona notizia è che la consapevolezza, come tutte le abilità, si può allenare e migliorare. Tutto il secondo capitolo verte fortemente su questo aspetto.

L'ignoranza funzionale, in fondo, non è altro che l'effetto della mancata consapevolezza, così come l'ignoranza emotiva, rispettivamente di aspetti che sono nel nostro universo esterno o interno. L'autoconsapevolezza, sostiene Goleman, "è la chiave di volta dell'intelligenza emotiva".

Ho voluto giocare sull'equilibrio dell'immaginario filo, alle cui estremità abbiamo collocato l'Effetto Dunning-Kruger e la Sindrome dell'Impostore, stressandolo una volta da un lato e una volta dall'altro, lontano dal voler scrivere un trattato esaustivo su temi di estrema delicatezza ma facendo, semplicemente, un percorso alla ricerca di verità non molto apparenti, discutendo su alcuni temi che passano dall'avere carattere più impegnativo, fino ad assumere connotazione più futile, divertendomi a dare risposta a domande, seguendo l'approccio appena decritto e snocciolando alcuni temi di discussione, presi a caso.

Ho cercato di dare uno sguardo all'ignoranza declinata nelle tre accezioni di: ignoranza strumentale, ignoranza funzionale ed ignoranza emotiva e della conoscenza, declinata nei contraltari delle tre categorie citate.

L'obiettivo è quello di aiutarti a migliorare i tuoi meccanismi di pensiero, semplicemente attraverso considerazioni e un modello finale di riferimento. Ma andiamo per ordine.

1.3 Ignoranza o ignoranze? Le principali categorie

"Gli analfabeti del XXI secolo non saranno quelli che non sanno leggere o scrivere, ma quelli che non sanno imparare, disimparare, e imparare di nuovo".

Alvin Toffler

Escludendo dall'analisi quella parte d'ignoranza utile, appositamente creata, strutturata e tutelata per legge (pensiamo, ad esempio, alla normativa sulla privacy, al segreto professionale, al segreto di stato o a diversi altri casi), che sia periferica o centrale, che sia, dunque, coscientemente valicabile o meno, l'ignoranza si mostra, a livello sociale, distinta in tre diverse stratificazioni.

La suddetta distinzione viene fatta relativamente al suo grado di evidenza, a partire da quella più manifesta a quella più nascosta, in: ignoranza strutturale, ignoranza funzionale ed ignoranza emotiva.

a)   L'ignoranza strutturale (o analfabetismo strutturale), è quella che, alcuni anni fa, era considerata l'unica forma di ignoranza esistente e che si rivela con la completa incapacità di saper leggere e scrivere.

Passi da gigante sono stati fatti nel corso degli anni, relativamente a questa forma di analfabetismo (ripeto, fino a pochi anni fa, ritenuta, dai più, l'unica esistente) che hanno consentito (se guardiamo al nostro Paese) di ottenere risultati straordinari, raccolti in censimenti, che ogni dieci anni, a partire dall'Unità d'Italia, vengono effettuati.

Teniamo presente il fatto che nel 1961 circa l'80% della popolazione femminile e il 60% di quella maschile era completamente ignorante, mentre oggi meno dell'1% della nostra popolazione complessiva rientra nella fascia degli analfabeti strutturali.

Si capisce come i corretti interventi normativi (innalzamento progressivo dell'obbligo scolastico fino a darne rilievo costituzionale), congiunti allo sviluppo dei mezzi di comunicazione (stampa, radio e televisione) e, fondamentalmente, ad un'importante presa di coscienza popolare dell'impatto del livello d'istruzione sulla qualità della propria vita, sono stati in grado di annientare questa piaga.

Contrariamente a come, invece, vedremo (almeno stando allo stato attuale) è la situazione dell'ignoranza funzionale (o analfabetismo funzionale) e di quella che si prospetta essere l'ignoranza emotiva.

b)   L'ignoranza funzionale (o analfabetismo funzionale) indica l'incapacità di un individuo di usare in modo efficiente le abilità di lettura, scrittura e calcolo nelle situazioni della vita quotidiana.

Un analfabeta funzionale è perfettamente in grado di leggere, scrivere e calcolare.

Non capisce però il libretto d'istruzione di uno smartphone, i termini di un contratto bancario o il senso reale di una notizia ascoltata, non è in grado di interpretare una statistica e non è capace di riassumere un concetto nel suo significato centrale.

"Si tratta, dunque, di una persona priva delle competenze richieste, in varie situazioni della vita quotidiana, sia essa lavorativa, relativa al tempo libero, oppure legata ai linguaggi delle nuove tecnologie", precisa Simona Mineo, ricercatrice INAPP (l'Istituto Nazionale per l'Analisi delle Politiche Pubbliche, ex ISFOL). Una persona incapace, quindi, di leggere e comprendere la società complessa nella quale, oggi, ci si trova a vivere.

Secondo Tullio De Mauro (uno dei principali linguisti italiani, anche ministro dell'Istruzione), la gran parte degli italiani s'informa (o non s'informa), vota (o non vota), lavora (o non lavora), seguendo soltanto una capacità di analisi elementare, idonea a trarre solo una comprensione basilare dei vari fenomeni della vita.

Un analfabeta funzionale, quindi, traduce il mondo paragonandolo esclusivamente alle sue esperienze dirette (la crisi economica è soltanto la diminuzione del suo potere d'acquisto, la guerra in Ucraina è un problema, solo se aumenta il prezzo del gas, il taglio delle tasse è giusto, anche se corrisponde ad un taglio dei servizi pubblici…).

Non è capace di costruire un'analisi che tenga conto anche delle conseguenze indirette, collettive, a lungo termine, e lontane per spazio o per tempo. Non è affatto facile distinguere, a primo impatto, un ignorante funzionale da uno che non lo è, perché anch'egli svolge il proprio lavoro, discute di sport, guida la propria automobile e sbriga le proprie faccende, senza manifesta difficoltà.

La sua diversità sta nel fatto che gli sfugge la complessità della realtà, cogliendo solo ritagli di essa, tratti semplici di discorsi, significati a cui non riesce a dare una precisa organizzazione logica e riflessiva, paragonandoli semplicemente a pezzi del suo vissuto. Ma scendiamo un po' più nello specifico per capire, sfidando la noiosità di numeri e tabelle, come siamo realmente messi del cosiddetto "Paese della cultura".

Facciamo questo, sfruttando i dati dell'analisi PIAAC (*Programme for the International Assessment of Adult Competencies*), dell'OCSE, dati ovunque consultabili.
PIAAC è l'indagine internazionale sulle competenze degli adulti più completa che sia mai stata organizzata: per la prima volta, in uno studio internazionale, vengono raccolte informazioni su come le persone utilizzano le competenze nel loro lavoro e nella loro vita di tutti i giorni.

Riferendoci a questo studio, l'Italia ricopre una delle posizioni peggiori a livello europeo e mondiale: è penultima in Europa (prima solo della Turchia) e quart'ultima al mondo rispetto ai trentatré Paesi analizzati dall'OCSE (peggio di noi, oltre alla Turchia, solo Cile e Indonesia).

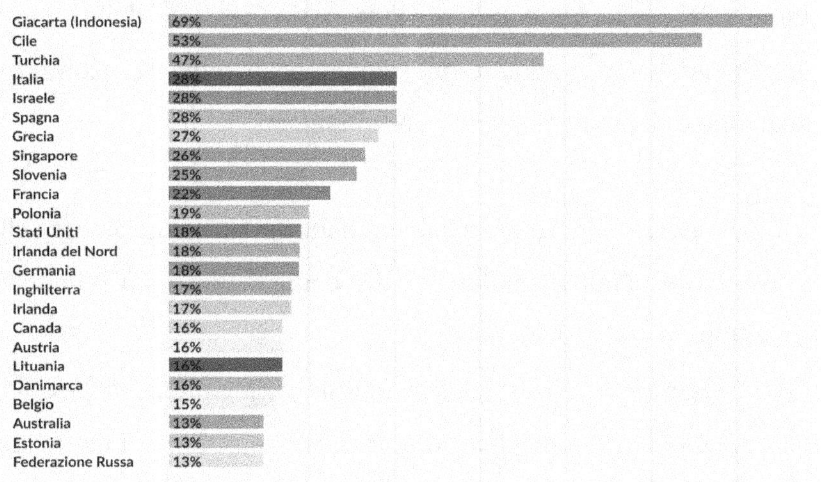

Dunque, nonostante in Italia l'alfabetizzazione strutturale è pari quasi al 100%, per l'alfabetizzazione funzionale (la capacità, come dicevamo, di far fronte con le proprie competenze alle normali necessità della vita nella società odierna) siamo davvero lontani da risultati minimi accettabili.

Ma chi sono questi analfabeti funzionali?

In Italia, essendocene in numero così elevato, ce li abbiamo al lavoro, seduti di fianco alla nostra scrivania, al bar davanti ad un caffè, in palestra sugli attrezzi, al cinema, in piazza, a scuola, ovunque o, magari, siamo noi stessi uno di loro.

Inoltre, dipendentemente da dove risiediamo e dalle nostre dinamiche di vita, abbiamo più o meno probabilità di incontrarne qualcuno o di essere noi stessi un *low skilled*.

L'osservatorio ISFOL ne traccia un identikit, dal quale emerge che solo il 10% dei nuovi analfabeti è disoccupato, poco più della metà sono uomini e 1 su 3 è over 55.

Tra i soggetti più colpiti, le fasce culturalmente più deboli, come i pensionati e le persone che svolgono lavori domestici; mentre, per quanto riguarda la distribuzione geografica, il sud e il nord ovest del Paese sono le regioni con le percentuali più alte.

È da considerare anche la polarizzazione per età, che vede una situazione più drammatica.

Ciò vale sia per gli over 50, penalizzati da un lato dalla morsa della minore scolarizzazione, dall'altro del c.d. "analfabetismo di ritorno", (intendendo con questo il fenomeno di perdita di competenze nel tempo, qualora queste non vengano alimentate) sia per i Net (giovani tra i sedici e i ventiquattr'anni, che non studiano e non lavorano): secondo lo studio di INAPP, hanno una probabilità cinque volte maggiore di diventare analfabeti funzionali.

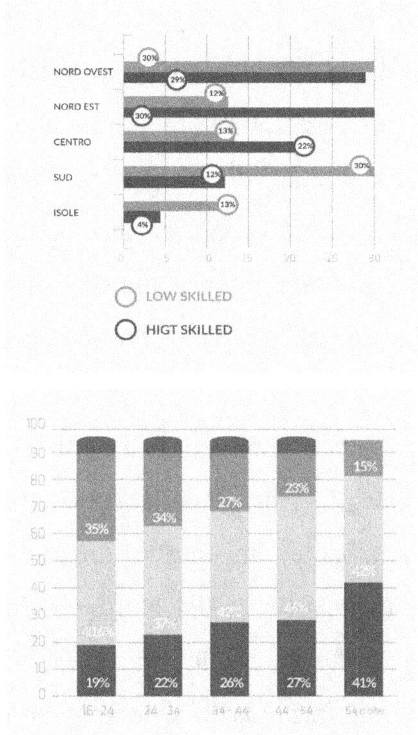

Esiste anche una precisa relazione con i libri. Una delle domande esplicite, contenute nello studio dell'OCSE, era proprio: "Quanti libri c'erano in casa tua quando avevi sedici anni?".

Tale domanda ha denotato una relazione diretta con gli analfabeti funzionali (il 73% di quelli ritenuti tali aveva in casa meno di 25 libri a sedici anni).

Ciò a sottolineare l'importanza dell'impatto dell'ambiente di vita sulla qualità dell'esistenza futura di un individuo.

L'analfabetismo funzionale, dunque, è una vera e propria piaga sociale e, nel nostro Paese, oserei dire *la* piaga sociale per eccellenza. Essa comporta, inevitabilmente, riflessi in tutti gli ambiti della nostra società, che sono sotto gli occhi di tutti.

- Riflessi a livello economico, con perdite di milioni di euro all'anno a causa degli errori e della ridotta produttività, figlia dell'ignoranza funzionale (in questa direzione, prendo come esempio uno studio pubblicato dal Northeast Institute nel 2001, intitolato *Literacy at Work*), con la soggezione a bassi guadagni, a rischi per la salute, ad intimidazione sociale e a varie altre insidie per le masse con analfabetismo funzionale.

• Riflessi sulla democrazia. Non si può parlare di vera democrazia con la gran parte della popolazione che opera le proprie scelte, agendo senza l'esatta cognizione delle conseguenze dei propri orientamenti e in balia di notizie delle quali non è in grado di riconoscerne la correttezza e, di cui, magari, ne alimenta anche la diffusione.

• Riflessi sulla libertà di pensiero e di scelta, fortemente condizionata dalla disinformazione pregiudiziale su temi importanti e pregiudizievole per intere categorie di persone.
Come detto, approfondiremo quest'argomento, sviscerando alcuni esempi molto esplicativi della realtà dei fatti.

c) L'ignoranza emotiva (o analfabetismo emotivo). Lo spettro delle competenze cognitive, ancora oggi considerate la base fondamentale di analisi delle persone (per esempio in fase di selezione del personale), sta cedendo, pian piano, terreno all'analisi delle caratteristiche della personalità e dell'intelligenza emotiva. Ad oggi, pur avanzando gli studi in tal senso, si può parlare ancora, in generale, di una grossa e diffusa ignoranza emotiva.

S'intende, per tale, l'incapacità di riconoscere ed utilizzare in modo consapevole le proprie emozioni e quelle degli altri, finalizzandole ai livelli di risultati attesi.

L'intelligenza emotiva offre la possibilità di gestire le proprie e le altrui emozioni per creare benessere attraverso: relazioni positive, diminuzione dei livelli d'improduttività e di sofferenza, legate ad una cattiva gestione di una parte così determinante dell'agire umano e può fare davvero la differenza in qualunque ambito.

In un recente rapporto del World Economic Forum, dal titolo *The Future of Jobs*, viene individuata l'intelligenza emotiva, tra le dieci principali skills necessarie nel futuro, per affrontare la rivoluzione del mondo del lavoro e della vita sociale in genere.

Vedremo quali sono le altre *soft skills* e l'impatto decisivo che ha la gestione di queste sulla vita delle persone.

RIEPILOGO DEL CAPITOLO 1:

- SEGRETO n. 1: Le persone scarsamente esperte hanno una scarsa consapevolezza della loro incompetenza; mentre i più competenti tendono a sottovalutare le proprie competenze, arrivano facilmente alle risposte giuste e credono che anche gli altri ne siano in grado.

- SEGRETO n. 2: L'Effetto Dunning-Kruger e la Sindrome dell'Impostore sono due estremi legati da una linea caratterizzata, per definizione, da infiniti punti su cui allocarsi.

La consapevolezza è la prima abilità da allenare rispetto a qualsiasi processo di miglioramento.

- SEGRETO n. 3: L'ignoranza strutturale è stata sconfitta, l'ignoranza funzionale è la piaga della nostra società.

L'ignoranza emotiva sarà la piaga del futuro, se non adottiamo, ora, opportuni rimedi.

Capitolo 2:
I problemi derivanti dall'ignoranza funzionale

2.1 Il web e i "webeti"

> *"La sfida non dev'essere come 'usare' bene la rete,*
> *come spesso si crede,*
> *ma come 'vivere' bene al tempo della rete".*

Antonio Spadaro

Era la fine di un secolo disastroso, era l'era nella quale cercavamo di alzare la testa al di sopra di quelle ceneri in cui eravamo finiti, (gradualmente ma inevitabilmente) come ad aver improvvisamente perso la coscienza in quella disgregazione, che aveva portato ai disastri che tutti conosciamo e di cui ancora oggi ne paghiamo le conseguenze. Il secolo delle guerre, il secolo della plastica, il secolo della ragione sull'emozioni, il secolo del "vivi oggi come se non ci fosse un domani".

Era il momento in cui l'uomo iniziava ad avvertire (ancora senza ben saperlo) l'esigenza vitale di disegnare un nuovo modello di umanità, di creare un mondo alternativo, in cui questa nuova umanità potesse muovere i suoi passi.

Un mondo, però, per paura e per nostalgia, non troppo distante da quello presente, ma comunque diverso... e allo stesso tempo simile. Era l'era in cui l'umanità gettava le fondamenta di quella che sarebbe stata la più grande rivoluzione di pensiero finora conosciuta della storia dell'uomo.

Sì, *rivoluzione di pensiero* (come altre ce ne sono state) di portata evolutiva dirompente: l'Umanesimo, l'Illuminismo, ecc. Tuttavia, mai come questa, della quale probabilmente siamo ancora agli albori, ma che ha già cambiato completamente il nostro modo di esistere.

Era, quella che chiamo "era", in realtà, solo una manciata di anni fa, me lo ricordo bene, perché c'ero ed ero anche abbastanza grandicello da essere a cavallo di questo passaggio, nella generazione a metà tra il vecchio ed il nuovo modo di intendere l'esistenza.

Era il momento in cui due enormi forze, due correnti di cambiamento, la globalizzazione e la rivoluzione digitale (da intendere non come la causa, ma come l'effetto della sottostante *rivoluzione di pensiero*), si sono incontrate per dar vita a quel cambio di paradigma capace di stravolgere per sempre la maniera di "abitare" la nostra vita.

Tra gli ultimi anni del vecchio e i primi anni del nuovo millennio, questa Rivoluzione ha iniziato a farsi strada nel nostro modo di ascoltare la musica, di prenotare un aereo, di farci vivo con un amico, di studiare un argomento e di ogni altro gesto quotidiano.

Suscitando, tutto ciò, nella gente comune, tra paura e incertezza, niente di meglio che un atteggiamento di denuncia contro tutto ciò che si stava sfaldando, con veri e propri movimenti di resistenza contro l'abbandono delle vecchie macchine fotografiche con rullino (o altre cose simili), che oggi farebbero sorridere, o movimenti contro la diffusione dei social network e di altre temute diavolerie tecnologiche. L'osservazione delle nuove generazioni portava nei più sconcerto e frustrazione, paventando un'involuzione della specie umana.

Quest'ultima, forse per la prima volta nella storia, appariva compiere una regressione strutturale declinata negli incomprensibili gesti, linguaggi e dissolvimento di valori da parte di questi giovani, che sembravano vagare in maniera confusa e senza meta verso un domani privo di punti fermi.

"Appariva", appunto. Ma, come scopriremo poco dopo, non lo era affatto. Stava semplicemente iniziando a prender forma il progetto che l'umanità stessa aveva (inconsapevolmente) abbozzato per venir fuori dalla decadenza che l'ultimo secolo aveva generato.

Lo stava facendo in un modo totalmente nuovo, ancora sconosciuto, costruendo nuovi assiomi, servendosi della rivoluzione digitale come strumento per realizzare quella nuova libertà di cui aveva imprescindibile necessità.

Nella costruzione di questa libertà e servendosi di questo nuovo strumento, aveva iniziato rapidamente ad eliminare i tutti passaggi superflui: l'e-mail aveva fatto fuori l'ufficio postale, TripAdvisor l'agente di viaggi, e così via. Man mano, venivano rimossi i guru di cui fino ad allora non ci si poteva fare a meno, per avere un accesso alle cose più diretto, rapido e personale.

Tutto questo, contornato dall'elemento sempre più spinto della smaterializzazione di tutto ciò che non occorreva fosse materiale.

È così che si può arrivare ad avere un oggetto materiale attraverso tutta una serie di passaggi che, una volta, erano forzatamente materiali e adesso possono benissimo non esserlo: l'acquisto di un paio di scarpe può avere di materiale solo il corriere che mi consegna il pacco, senza più la necessità di entrare in macchina, percorrere una strada, trovare un parcheggio, entrare nel negozio, salutare la commessa, ecc. ecc.

Smaterializzazione di buona parte dell'essere umano, che può, stando seduto a casa, arrivare in qualsiasi parte del mondo, guardare qualsiasi cosa gli possa interessare, incontrare amici, emozionarsi, apprendere, gioire, soffrire, ecc., senza la necessità che il proprio corpo lo segua.

Altro tratto di questa rivoluzione è l'aggregazione veloce di persone, (moltitudini umane) intorno a concetti, esigenze, desideri, i cui spostamenti, opportunamente registrati e successivamente autogestiti da algoritmi a tale scopo generati, hanno creato le migliori condizioni perché i propri bisogni fossero soddisfatti attraverso la guida di un'intelligenza di massa.

È così che Google ti mette sotto gli occhi il miglior risultato della tua ricerca, poiché è considerato il miglior risultato di ciò che cerchi da milioni di altre persone, e si potrebbero fare molti altri esempi. È impressionante e, solo vent'anni fa, impensabile.

Tali "maree umane" (torno a citare Baricco) possono tanto essere contenute all'interno di questo pianeta parallelo, tanto traboccare i confini e venir fuori nel mondo materiale (vedi il caso di Greta Thunberg e dello tsunami umano che ha invaso le strade delle più grandi città della Terra).

L'umanità ha, così, creato un mondo parallelo e digitale, in un posto che è intorno allo stesso mondo reale, ed è offerto a tutti la possibilità di passare costantemente da un mondo all'altro in ogni momento, di essere "on life" (per citare Luciano Floridi). L'impegno che sta portando avanti oggi è quello di creare quanti più varchi possibili, punti di passaggio tali da rendere, nel futuro, lo stare da una parte e dall'altra, praticamente la stessa cosa.

Intelligenza artificiale e robotica sempre più avanzate, inoltre, ci fanno comprendere che, ben presto, uomo e macchina saranno sempre più legati.

La sola cosa che potrà differenziarci, dunque, per quanto replicabile, ma comunque sempre in maniera automatica e mai imperfettamente originale, sarà la nostra coscienza, con le nostre emozioni.

Questo è quanto emerge, al momento, dagli studi più recenti; in particolare, lo affermano Phil Maguire, Philippe Moser, Rebecca Maguire e Virgil Griffith nel loro studio da poco pubblicato sul sito della Cornell University, secondo cui, per una teoria algoritmica, i robot non potranno mai avere una coscienza.

Il nocciolo da focalizzare, a questo punto, è precisamente il seguente: in una realtà ideale, nel filone di un'evoluzione di tale portata, non ci sarebbero particolari problemi di sorta, se quest'evoluzione fosse stata (o fosse) uniforme, per tutti allo stesso modo.

Il punto è che, nel mondo reale, coesistono il vecchio e il nuovo e l'ancora più vecchio e l'ancora più nuovo che, a volte, s'incastrano tra di loro, a volte ognuno trova la sua nicchia, a volte, invece, sono in netta contrapposizione e danno luogo a tutta quella serie di contraddizioni, di paradossi e schizofrenie che ci troviamo ad osservare nel quotidiano e, per alcune di esse, a registrarle qui.

Essendo ancora nel bel mezzo di questi stravolgimenti, di questo cambio di modello esistenziale, era, dunque, d'obbligo iniziare questa seconda parte del testo, relativa in particolar modo all'ignoranza funzionale, con una panoramica del contesto nel quale ci troviamo. Anche perché tale contesto rappresenta poi il guscio di questo scritto, che sarà necessariamente e spesso richiamato, per poi stringere un po' l'inquadratura.

Tutto ciò ci porta sul terreno dove questo fenomeno è più facilmente osservabile: i social network, palcoscenico sul quale l'ignoranza viene fieramente portata in scena.

Riprendendo posto sulla poltrona dello spettatore dallo sguardo ironico e disinteressato, torno a focalizzarmi sugli aspetti distorsivi che, per i motivi detti, questa rivoluzione porta con sé. È una duplice visione, dove entrano in gioco in maniera molto forte le percezioni, che, come vedremo in parecchi casi, si distanziano molto dalla realtà. Per fare un parallelismo con ciò che dicevo prima sull'osservazione della generazione Y e soprattutto di quella

Z, la sensazione che l'umanità stava retrocedendo trova come contraltare la realtà dei fatti: queste generazioni sono, invece, molto più preparate e attrezzate rispetto alle generazioni precedenti.

Ma, d'altronde, è sempre stato così nella storia dell'umanità nell'affrontare il futuro e, andando avanti, ogni generazione successiva avrà una distanza sempre più siderale rispetto a quella precedente.

Se guardo ai miei figli, che hanno rispettivamente sei e cinque anni, hanno preso più aerei di quanti ne abbia presi io fino a trent'anni.

Conoscono decine e decine di tipologie di giochi elettronici o materiali, più di quanti io ne abbia visti nella mia vita, hanno visitato decine di centri commerciali, località e paesi stranieri; e ancora, hanno una padronanza linguistica che forse io non avevo neanche a dieci anni, una capacità di uso dei device, che a volte faccio fatica a stargli dietro.

Sono sottoposti a milioni di input esterni che io fino a qualche anno fa non avrei nemmeno immaginato… e sono solo due bambini che non hanno ancora raggiunto la prima elementare.

Il lato distorsivo (dovuto al fatto che, come detto, s'incrociano e convivono vecchio e nuovo in questo passaggio epocale) è fonte primaria di quell'ignoranza funzionale di cui stiamo discutendo.

La quantità illimitata di dati e d'informazioni messaci a disposizione dalla rivoluzione digitale non ha visto svilupparsi, di pari passo, i mezzi a disposizione di tutti per vagliare, valutare, scartare o criticare ciò che ci raggiunge e travolge, lasciandoci inermi di fronte alla capacità (o incapacità) di gestire tale flusso. Succede, così, che lo stesso contenuto arriva al ragazzino di primo pelo e, contemporaneamente, alla signora di mezz'età, passando per il medico, l'operaio, lo scienziato e il barbiere.

Ognuno di noi apprende in modo personale quello stralcio di testo o immagine e decide se crederci o meno, ma, soprattutto, se farlo proprio e condividerlo.
Cioè, bada bene all'accezione di "condividere", se diventare lui o lei, elemento diffusore di tale "conoscenza", ossia: se essere colui o colei (insieme ad altri) che decide che quella conoscenza è importante per il mondo e che bisogna promuoverla.

Ecco che l'ignoranza sulla rete appare figlia della presunzione di onniscienza, che il web ci ha subdolamente inculcato, e della nuova democrazia dei social, perché quest'ultimi hanno azzerato le barriere tra ceti sociali.

Detta così, suona molto bene, ma il paradosso sta nel fatto, però, che le parole di un luminare devono essere vagliate dalla massa e sono, spesso, scavalcate dall'opinione di un anonimo qualsiasi, con tanta voglia di creare link e immagini accattivanti. Come ha scritto qualcuno sul web: "Twitter è quel posto dove uno scienziato nucleare di fama mondiale con 670 followers è umile, mentre Polpettina99 con 4.000 fa la scienziata".

La risposta del "condivisore seriale", quando lo si mette davanti alla propria ignoranza, è sempre la stessa: "Lo condividono tutti e l'ho fatto pure io", oppure "L'ho letto su un sito", o ancora "Vabbè, anche se non è vero, io sono d'accordo".

Quelle che possono sembrare scuse disarmanti, sono, in realtà, un vero e proprio pericolo per la democrazia, quella vera.

Così, ci si trova, ad esempio, ad inneggiare alla patria e all'amore per i soli connazionali, utilizzando una grammatica claudicante e incerta, più di quanto non lo sia quella di un immigrato e, con lo stesso fervore col quale si prega di lasciar annegare i richiedenti asilo, a condividere l'immagine di una bambina siriana circondata dai bombardamenti, pregando di lasciare un salvifico "amen" sotto quella fotografia, cosicché la preghiera possa aiutarla.

Tra gattini giocosi, cagnolini feriti e bambini maltrattati, fanno capolino svastiche, e nostalgici post che auspicano al ritorno della dittatura. Il popolo social, molte volte, condivide qualsiasi link gli venga proposto, senza leggere l'intero articolo, ma affidando la comprensione dell'intero testo alla sola lettura superficiale del titolo, o a immagini con una piccola didascalia, che diventano rapidamente virali per l'immediatezza e l'argomento populista che sottendono.

Sono reperibili milioni di esempi di questa tendenza e, di certo, non è necessario scavare troppo per far affiorare "perle d'inestimabile valore" tra i contatti di chiunque di noi.

Appare chiaro come l'analfabetismo funzionale sia generalizzato e diffuso tra tutti i livelli culturali e sociali, senza peraltro alcuna preoccupazione di vedersi affibbiato il marchio del "webete" (per dirla alla Mentana).

In sostanza, abbiamo capito che l'informazione non produce necessariamente cultura.

Quest'ultima è insita, invece, nel desiderio della conoscenza e nel dubbio come approccio all'informazione.

La tecnologia non può niente contro l'ignoranza, anzi, è quest'ultima che può ingoiare la prima, impadronendosi e manovrando i contenuti e gli stessi device, e ne vedremo alcuni casi.

Ma molto probabilmente questa non è una tragedia, quanto una grande fortuna.

I corretti meccanismi cognitivi ed emozionali restano l'arma di difesa più potente che abbiamo, lo strumento che determina i nuovi vincitori contro i nuovi vinti, assegnando ancora una volta e ancora di più al nostro cervello l'attributo di essere il supremo sistema di governo del mondo e la nostra più grande ricchezza.

2.2 Complottismo e anti-complottismo

"La paranoia della cospirazione universale non finirà mai e non puoi stanarla, perché non sai mai cosa c'è dietro. È una tentazione psicologica della nostra specie".

Umberto Eco

Una delle dimensioni in cui spesso l'ignoranza funzionale conduce (quasi inevitabilmente) le proprie schiere di adepti è il fenomeno del complottismo. Chi è il complottista?

Il complottista è colui che vede in qualsiasi fenomeno di dirompente risonanza mediatica (passata o presente) di difficile spiegazione una qualche cospirazione, l'azione organizzata di gruppi di persone che, come burattinai, muovono i fili e le sorti di altre persone e di vicende, finalizzandole ad interessi e obiettivi propri, ben pianificati e bramati.

S'immagina una "stanza dei bottoni", un luogo misterioso dove occulti architetti disegnano le trame delle vicende planetarie.

Secondo il complottista, un particolare avvenimento storico, politico o di attualità, è frutto dell'azione di gruppi di controllo che decidono il destino del mondo.

Anche qui, non è un fenomeno che scopriamo in questo momento, è sempre esistito, ma che oggi (come per il resto dei fenomeni che abbiamo analizzato) assume dimensioni sempre più rilevanti, a causa di quel potente moltiplicatore che è il web.

Con la "teoria del complotto" si cerca, quindi, di spiegare macroeventi di cui non se ne comprende la genesi, e il tratto caratterizzante di ogni teoria cospirativa è quello che, a sostenerla, non esiste alcuno straccio di prova che la giustifichi.

Proprio per questo aspetto, l'assenza di prove diventa un elemento a sostegno della teoria stessa, dell'esistenza, dunque, di gruppi pianificatori che, all'interno del complotto, sono riusciti sapientemente ad eliminare ogni tipo di traccia. Le tesi complottiste si basano essenzialmente sul dubbio.

Alcuni indizi fragilissimi, giocati ad arte, insinuano un dubbio che viene comunicato e diventa sempre più certezza man mano che si diffonde tra la gente (per effetto del famoso "pregiudizio della conferma") ed acquisisce rango di verità.

È così che: il viaggio sulla Luna, essendo a distanza di decenni, ancora un traguardo ineguagliato, non può che essere un falso; Lady Diana non può essere morta per colpa di un autista ubriaco, ma per mandato dei servizi segreti; lo shock di dover pensare possibile che dei terroristi facciano crollare le due torri più importanti al centro di New York appalesa la tesi che si tratti di un piano organizzato dal governo americano.

Oppure, la considerazione che la medicina abbia fatto passi da gigante, ma che alcune malattie non siano ancora sconfitte, è il dato che certifica un accordo tra chi da ciò ne trae profitto; le scie di vapore degli aerei sono veleni che un gruppo organizzato sta distribuendo nell'aria; Elvis Presley, Jim Morrison, Michael Jackson e Bob Marley sono morti "per finta", con lo scopo di chiudere una vita troppo stressante e godersi le loro ricchezze in anonimato.

E ancora, l'attore Roberto Benigni è coinvolto negli omicidi del Mostro di Firenze; Umberto Eco era il capo della società segreta Rosa Rossa, artefice di sacrifici umani; i terremoti non sono naturali e non lo sono neppure gli uragani, le piogge e la nebbia. Nulla è un fenomeno casuale o una coincidenza, è tutto provocato da qualcuno. E così via, sempre più spinti verso l'inverosimile che diventa realtà.

Il complottismo, naturalmente, ha nell'individuo diversi gradi di coinvolgimento.

Si passa, dunque, dal complottista "per hobby", quello che ogni tanto insinua in qualche discussione argomentazioni di tipo cospirazionista al complottista totalmente convinto.

"Il complottista modello si sente una spanna superiore al resto degli individui: è un 'risvegliato', uno che sa come sono andate le cose e cerca di spiegarle al popolo 'bue' che dorme, senza rendersi conto di essere una pedina in mano ai potenti. Il complottista sa e non si fa fregare; mentre 'gli altri' sono schiavi della propaganda, dei giornali e di Facebook. Il complottista è libero, indipendente e in guardia". (http://ceifan.org/psicologia_del_complottismo2.htm).

"Ogni mattina, su Facebook un complottista si sveglia e sa che dovrà commentare qualcosa per salvare se stesso e l'umanità… Ogni mattina su Facebook un anticomplottista si sveglia e sa che dovrà rispondere a qualche commento complottista per salvare se stesso e l'umanità.

Che tu sia complottista o anti-complottista... l'importante è svegliarsi e scrivere qualcosa".

Parafrasando Shakespeare, prendiamo spunto per introdurre uno studio pubblicato su *Plos One* da un team dell'IMT (*Institute for Advanced Studies*) di Lucca, che per quattro anni ha seguito l'evoluzione delle conversazioni sui post di Facebook d'informazione scientifica e su quelli filo-complottisti. Individui riconoscibili nell'uno o nell'altro filone (da una parte, cioè, soggetti che si affidano a studi scientifici e fonti istituzionali garantite, dall'altra soggetti che traggono informazioni da fonti alternative) si incontrano (o scontrano, per meglio dire) sul social e tra di loro.

Non esiste mai vero confronto: il risultato è che ognuno degli appartenenti ai due gruppi rafforza le proprie idee, creando muri ancora più alti in un effetto di polarizzazione che si accentua sempre più. "Abbiamo osservato che gli utenti sono fortemente polarizzati su una delle due narrative e che a guidare la selezione dei contenuti è il *confirmation bias*: in entrambi i casi, le persone cercano informazioni che confermino le loro convinzioni, ancor più se sono radicate e hanno un impatto emotivo", spiega Fabiana Zollo, prima autrice del *paper* e ricercatrice del Laboratory of Computational Social Science di Lucca, che studia da anni le dinamiche del contagio sociale sui vari social network.

Si è analizzato che più le discussioni sono lunghe sotto un post, più i commenti diventano negativi e i toni si accendono.

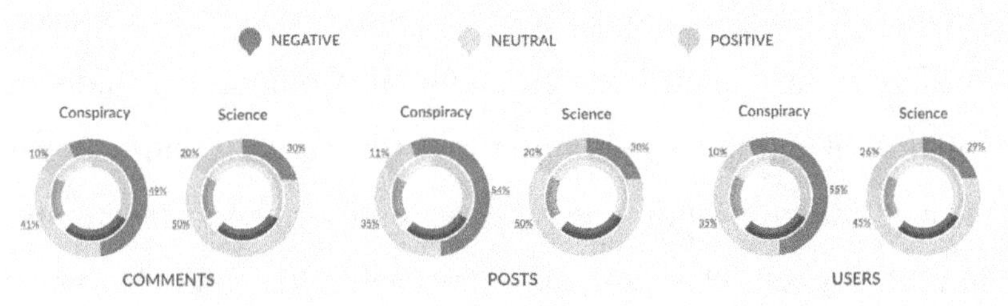

"Tutti i nostri studi possono essere inquadrati nell'ambito della *misinformation*, annoverata dal World Economic Forum come uno dei temi più interessanti e pericolosi riguardo all'informazione e a come quella infondata e falsa riesce a diventare virale." – spiega Zollo – "Si è sempre pensato che il web avrebbe dovuto e potuto tirar fuori le migliori conoscenze, facilitando il progresso e rivoluzionando la società, mettendo insieme tante menti, libere di esprimere le proprie opinioni liberamente".

Da una parte ha funzionato, dall'altra, forse, quest'intelligenza collettiva è stata caricata da troppe aspettative, "perché le capacità di *fact-checking* degli utenti non sono poi così affidabili". (https://oggiscienza.it/2015/10/13/scienza-complotto-facebook-bufale-disinformazione-social/).

La diffusione della disinformazione online è considerata una delle minacce più serie per la società odierna. Per questo i complottismi non vanno liquidati con quattro risate, ma colti per quello che sono: "campanelli d'allarme", come afferma Francesco Suman. (https://espresso.repubblica.it/blog?new=lameladinewtonmicrome ga).

Allora i complotti non esistono?! Dobbiamo bocciare, a priori, qualsiasi tesi complottista, per le ragioni che abbiamo elencato? No. Assolutamente no!

Sia chiaro (e non mi stancherò mai di ripeterlo) questo non è un testo schierato, di volta in volta, per l'una o per l'altra delle tesi che vengono presentate.

È uno scritto che tenta d'individuare dati oggettivi e di osservare come ci si muove in assenza di informazioni e come ci si potrebbe muovere con qualche informazione in più, evitando dai piccoli incidenti ai grandi disastri.

I complotti veri esistono, certo che esistono. Anche i castelli esistono, ma non sono certo le fiabe a spiegarne la loro vera storia e natura.

Questa è l'altra faccia della medaglia. La storia ce ne ha mostrati diversi di complotti, non è questo il luogo per cadere nella retorica anti-complottista. Guai a calcare la mano passando dalla parte opposta.

Il sano dubbio opportunamente indagato e la ricerca di riscontri e prove di eventuali cospirazioni è attività sana, legittima e, se svolta in maniera corretta, riesce a dare ancora più evidenza della complessità di sistemi ed eventi che non si prestano a facili interpretazioni. Ma questa cosa è diversa da quanto sopra descritto. C'è un oceano di differenza tra la sana ricerca del vero (che ha condotto a risultati importanti in termini di smascheramento di complotti nel corso della storia) e la "patologia del complottismo", per la quale si danno, irragionevolmente, certe trame oscure dietro ogni accadimento.

L'anti-complottismo, a "spada tratta", ha le stesse caratteristiche (all'opposto) del complottismo. In questo caso, come scrive Alessandro Lolli: "L'amore sfegatato per la verità dell'anti-complottista che invade anche campi in cui una verità scientifica non può darsi, risulta, nella pratica, una difesa per principio preso delle ricostruzioni fornite dal sistema mediatico-politico.
Quella dell'anti-complottista è quindi una postura etica che sa immediatamente da che parte stare; ancora prima d'informarsi, o al limite mentre le notizie stanno uscendo fuori, si lancia in prima linea a difendere non sa bene neanche lui cosa, ma lo sappiamo noi: il potere".
(https://not.neroeditions.com/apologia-del-complotto/).

"È, come dicevamo, l'altro estremo della corda, che poi porta con sé le caratteristiche di una guerra di classe alla Pasolini", come sintetizza lo stesso Lolli.

C'è distanza anche fisica tra i luoghi in cui le due estreme posizioni prendono vita: nei bar e nelle piazze diventa normale dare per certe alcune congetture, mentre nelle università e nei circoli culturali è folle avanzare dubbi sulle versioni ufficiali.

"Da una parte, quindi, nei ceti popolari la sfiducia nei confronti dei governanti prende la forma (spesso allucinatoria, a volte terribilmente vera) del complottismo. Dall'altra, il disprezzo dall'alto per le interpretazioni popolari viene ribadito anche quando queste sono, poi, sostanzialmente vere".
Tutto questo determina la costruzione di quelle barriere sempre più alte che conosciamo tra le fazioni e non fa altro che inasprire, all'interno di una spirale demolitrice; un confronto che polarizza (torniamo allo studio dell'IMT) sempre più le posizioni, allontanandole da quel punto di contatto che si trova, come sempre, verso la metà della linea.

Tipico di ogni estremismo, l'allontanamento da una parte o dall'altra dalla verità che, come in ogni caso, si può cercare solo partendo dalla magica parola: consapevolezza.

È un'apertura mentale che evita di trincerarsi dietro supposizioni non verificate (Effetto Dunning-Kruger) e una legittimità del dubbio, che trova nello strumento della ricerca la via della sua validazione o della sua negazione.

Tutto ciò, senza sfociare nell'estrema sicurezza del "partito preso" o nell'insicurezza di barcamenarci tra troppe conoscenze (Sindrome dell'Impostore), che rappresentano la strada per la ricerca di una posizione che si avvicina maggiormente alla realtà. Il nostro senso critico resta l'arma vincente.

2.3 Gli OGM: Organismi Generalmente Mostruosi

"Per migliorarci serve una mutazione".

Edoardo Boncinelli

È sera e sono seduto al bar della pizzeria sotto casa, in attesa dei due panzerotti al forno d'asporto che ho ordinato per portarli su e mangiare frugalmente, mentre concludo un lavoro per il giorno dopo.

Di fianco a me c'è Paolo: prosecco tra le dita, bellissima camicia di cotone "a festa", anche lui in attesa. Ha prenotato un tavolo per festeggiare il compleanno di Marina, sua moglie, che cinguetta con un'altra coppia di amici, anche loro lì per la sua pizza di compleanno.

Paolo è un amico. Ci siamo incontrati lì per caso e abbiamo scambiato quattro chiacchiere. È un ingegnere civile e insegna all'istituto tecnico.

Dallo schermo piatto, il Tg passa la notizia: i ricercatori italiani della Scuola Superiore Sant'Anna e dell'Università di Pisa, in uno studio congiunto pubblicato su *Scientific Reports*, hanno dimostrato che il mais OGM è più produttivo e, soprattutto, non è dannoso per la salute umana.

"Che porcheria"!

Laconico, il commento di Paolo che, distrattamente, tra un sorso e l'altro, aggancia la notizia.

"Cosa, Paolo, il prosecco?"

"No, ma che dici? Senti cosa stanno dicendo in TV? In che mondo di merda viviamo… multinazionali che decidono la vita di noi tutti… soldi spesi per comprare notizie… interessi grossi gestiti sulla nostra pelle."

"Ma, ti riferisci agli OGM? Sai, non ho mai veramente approfondito l'argomento."

"No, ma cosa devi approfondire? Te lo dico io… è una schifezza e basta! Ci manca che veramente introducano gli OGM in Italia e siamo al completo. Già stiamo morendo tutti di cancro e di altre malattie… ora anche gli OGM."

Mi sento piccolo piccolo nella mia ignoranza su questa materia e non riesco a dire altro che: "Ma si, dai, vedrai, ci stanno studiando su… qualcosa caveranno".

Intanto, i miei panzerotti sono pronti, saluto e vado via.

"Comunque, gran bella camicia, Paolo."

"Grazie. Ti piace? È della '…', l'ho pagata un botto. Però, dai, è davvero bella, ne è valsa la pena spendere qualcosina in più."

"Dai… a te non mancano i soldoni". (Risatine).

Salgo le scale di casa con i panzerotti in mano e gli OGM in testa.

Mi ha incuriosito molto l'argomento.

A dire il vero, non l'argomento in sé, ma la sicurezza di Paolo nelle sue affermazioni. "È bello" – penso – "essere così ferrati su un argomento, poter ostentare così tanta convinzione da azzittire tutti, avere la possibilità di affermare a voce alta la propria posizione".

Mi metto a lavoro, mangiando il panzerotto, ma con una promessa nella mente: voglio capirci di più sull'argomento. Da domani cerco del materiale e mi faccio un'idea.

Cos'è un OGM?

Un OGM è "un organismo, diverso da un essere umano, il cui materiale genetico è stato modificato in modo diverso da quanto avviene in natura con l'accoppiamento e/o la ricombinazione genetica naturale". Questa è la definizione ufficiale data dalla direttiva 2001/18/CE.

OGM sì, OGM no. Il dibattito sulla questione è da sempre molto acceso. Ma quanta parte di questo dibattito è seria e quanta è, invece, frutto di ignoranza, di oscurantismo e di pregiudizio? Siamo in Italia e la domanda (qui più che da ogni altra parte) mi sembra davvero legittima. Partiamo proprio dall'ultimo rapporto, quello poc'anzi citato.

"Lo studio raccoglie i risultati di ricerche condotte in pieno campo negli Stati Uniti, in Europa, Sud America, Asia, Africa e Australia, e paragona le varietà transgeniche con quelle parentali non transgeniche." – sottolineano gli autori – "Dimostra, in maniera decisa, che il mais transgenico è notevolmente più produttivo (5,6-24,5%).

Non ha, inoltre, effetto sugli organismi non-target (cioè non bersagli della modificazione genetica), tranne la naturale diminuzione del Braconide parassitoide, dell'insetto dannoso target *ostrinia nubilalis,* e contiene concentrazioni minori di micotossine (-28,8%) e fumonisine (-30,6%) nella granella, ovvero nei chicchi del mais". Lo studio ha preso in considerazione ventun anni di coltivazione mondiale, tra il 1996 (anno di inizio della coltivazione del mais transgenico) e il 2016 (periodo in cui le produzioni transgeniche sono passate da 1,7 a circa 180 milioni di ettari).

I risultati indicano che "la coltivazione di mais transgenico presenta produzioni superiori, contribuisce a ridurre la presenza d'insetti dannosi e contiene percentuali inferiori di sostanze tossiche che contaminano gli alimenti e i mangimi animali".
(https://www.ilsole24ore.com/art/il-mais-ogm-e-piu-produttivo-e-non-presenta-evidenza-danni-salute-AEyoHf0D). "Quest'analisi fornisce una sintesi efficace su un problema specifico molto discusso pubblicamente", dice la coordinatrice della ricerca, Laura Ercoli, docente di Agronomia e coltivazioni erbacee all'Istituto di Scienze della Vita della Scuola Superiore Sant'Anna.

Con lei, hanno lavorato Elisa Pellegrino, Stefano Bedini e Marco Nuti. Gli autori rilevano che "lo studio ha riguardato esclusivamente l'elaborazione rigorosa dei dati scientifici e non l'interpretazione politica dei medesimi".

Inoltre, ritengono che "il lavoro permetta di trarre conclusioni univoche, aiutando ad aumentare la fiducia del pubblico nei confronti del cibo prodotto con piante geneticamente modificate". (https://www.corriere.it/salute/nutrizione/18_febbraio_15/mais-ogm-non-fa-male-salute-88a5d004-1247-11e8-a023-7bfc9b2e7eeb.shtml).

A quanto pare, un'altra disfatta per il movimento anti OGM, ormai annichilito da una serie di rapporti scientifici che dimostrano la totale sicurezza per la salute umana e per l'ambiente degli organismi geneticamente modificati. (https://www.ilfoglio.it/scienza/2018/02/16/news/ogm-agricoltura-fidenato-179220/).

Questo, di fatto, è lo stato attuale, ma andiamo alle radici della questione. La Prima direttiva europea, atta a uniformare l'approccio degli Stati membri riguardo agli organismi geneticamente modificati, risale al 1990 (Direttiva 90/220/CEE). Negli anni a seguire, fino al 1997 (anno in cui diversi Stati membri hanno iniziato a rifiutare l'autorizzazione all'uso di OGM appellandosi alla cosiddetta "clausola di salvaguardia"), la mobilitazione anti OGM, da parte di svariati gruppi attivisti, ha portato il dibattito alla pubblica attenzione e all'interno delle agende degli Stati membri dell'Europa.

Di conseguenza, tra il 1998 e il 2004, nessun nuovo OGM è stato autorizzato nell'Unione Europea, venendosi a creare, di fatto, una moratoria a cui paesi come USA, Argentina e Canada (in quanto maggiori produttori di piante OGM) si sono fortemente opposti, denunciando il mancato rispetto degli accordi sul commercio internazionale.

Questi si basavano sul principio che solo pericoli per la salute, scientificamente provati, possono costituire una barriera all'importazione.
Nel tentativo di superare lo stallo esistente, la Direttiva 2001/18/CE, sostituendo la 90/220/CEE, ha riscritto le regole del gioco sugli OGM.

Nel frattempo, in Italia, l'introduzione degli OGM è stata fortemente osteggiata dalla classe politica sotto le crescenti pressioni dell'opinione pubblica, soprattutto nel periodo che va dal 2000 al 2006.

In quanto membro dell'Unione Europea, l'Italia non può vietare l'importazione e l'introduzione di OGM autorizzati a livello europeo, stante l'obbligo di recepire ed attuare Direttive e Regolamenti comunitari.

Nel 2000, però, il Decreto Amato ha cercato, invocando la clausola di salvaguardia, di bloccare l'uso di prodotti derivati da quattro mais OGM autorizzati dall'Europa, nonostante l'Istituto Superiore di Sanità non avesse rilevato alcun pericolo per la salute umana. Nel 2004, il TAR del Lazio ha annullato tale decreto.

Nel 2001, il ministro Pecoraro Scanio ha bloccato tutte le sperimentazioni in campo agro biologico (anche se approvate per legge) con una grossa manifestazione di dissenso da parte degli scienziati italiani: in 1.500 hanno firmato un testo nel quale si leggono i nomi anche dei premi Nobel Dulbecco e Levi-Montalcini.

Nel 2002, il ministro Alemanno ha ottenuto la sospensione delle sperimentazioni in corso, presso gli istituti che dipendevano dal Ministero delle politiche agricole, alimentari e forestali.

Nel 2003, si è leggermente allentata la pressione e l'Italia ha stabilito una soglia dello 0,04999% di contaminazione OGM sulle sementi, molto più bassa di quella europea, ma comunque un primo segnale a cui non è però seguita una reale (neppure minima) apertura alla questione.

Dieci anni dopo, nel luglio del 2013, è stata annunciata la firma di un decreto che proibisce uno dei più diffusi OGM, il mais Monsanto 810. Sorvolando su altri interventi normativi che non hanno, in sostanza, cambiato la situazione, è utile citare la famosa vicenda di Giorgio Fidenato, l'agricoltore friulano sostenitore delle colture di mais OGM. Fidenato chiedeva il permesso di utilizzare questo tipo di sementi e si è visto arrivare contro la sentenza del Consiglio di Stato che ribadiva il divieto italiano di qualsiasi coltivazione OGM. La vertenza è stata portata avanti alla Corte di giustizia europea che, decidendo sul ricorso di Fidenato, il 13 settembre 2017, ha pronunciato una sentenza, che dichiara ingiustificato il divieto di coltivazione sancito dal Decreto interministeriale del 12 luglio 2013.

Ora, non sta certo a me e non sicuramente in questa sede comprendere o definire se l'introduzione degli OGM sia un beneficio o un maleficio per la civiltà, il mio obiettivo resta quello di osservare quello che è l'impatto sulla vita quotidiana di scelte fatte con ignoranza.

L'opinione pubblica, dunque, e la classe politica che ne è espressione (riguardo al caso italiano), è palesemente e fortemente schierata contro gli OGM. Al contrario la comunità scientifica ne sembra, invece, perlopiù a favore.

Francesco Sala, professore di Botanica all'Università degli Studi di Milano, come riportato nell'articolo di Nelson Marmiroli, dal titolo *Prodotto tipico, anzi OGM*, pubblicato su Il Sole 24 ore (n. 296 del 28 ottobre 2007), ha affermato: *"La metodologia OGM per il miglioramento genetico delle piante coltivate rappresenta il naturale sviluppo delle conoscenze sul DNA ed è considerata un potente e sicuro mezzo per migliorare la qualità, la quantità e la sicurezza del prodotto agricolo"*.

La senatrice a vita, Elena Cattaneo, direttrice del Laboratorio di *Stem Cell Biology and Pharmacology of Neurodegenerative Disease,* in un articolo pubblicato su La Repubblica, ritiene che *"vietare gli OGM è un grave danno [...]. Non ci sono prove che siano nocivi [...]"*.

Anche Umberto Veronesi, oncologo di fama internazionale ed ex ministro della Sanità del governo Amato, si schiera tra i fautori dell'utilizzo degli OGM: *"Negli Stati Uniti, hanno trovato il modo di inserire un gene nel mais che lo rende resistente alla piralide, senza dover utilizzare gran quantità di pesticidi, che possono essere comunque tossici per l'uomo.*
Un intervento ottimo per l'economia e la salute, che però nel nostro Paese non ha potuto essere realizzato. Perché?

È una questione di cultura, appunto, che deve sempre accompagnare il progresso della scienza, perché i suoi risultati non appaiano lontani dal fine ultimo della ricerca scientifica, che è il miglioramento della qualità di vita dell'uomo.
Se questo fine è ben chiaro, appare assurdo opporsi per principio all'applicazione della genetica in agricoltura e sembra, invece,

ragionevole studiare, per ogni prodotto cosiddetto OGM, il rapporto rischio-beneficio". (Umberto Veronesi, *Cari nemici degli OGM vi prego ripensateci quei semi migliorano la vita dell'uomo*, La Repubblica, 6 ottobre 2014).

Certo, anche nel mondo scientifico non mancano le autorevoli posizioni contrarie, ma appaiono numericamente minoritarie rispetto a quelle favorevoli; mentre, come dicevamo, è la pressione dell'opinione pubblica a farla da padrone nell'attivismo anti Ogm.

Questo baratro creatosi tra opinione pubblica e opinione scientifica mondiale è, nemmeno a dirlo, in gran parte responsabilità dell'Italia.

Un articolo scritto dagli studiosi Miguel Sánchez e Wayne Parrott, apparso sul *Plant Biotechnology Journal*, prestigiosissima rivista mondiale di biotecnologie, ha analizzato gli studi planetari in materia di sicurezza alimentare OGM. Questi studi ammontano ad oltre settecento articoli significativi pubblicati e solo trentacinque di loro esprimono preoccupazioni o contrarietà.

Dunque, il 95% degli studi effettuati a livello globale dimostra la loro sostanziale sicurezza verso la salute dell'uomo, mentre solo il 5% mostra effetti negativi.

Ma di questo 5% di studi che hanno posizione critica rispetto alla questione, ben il 43% proviene dall'Italia e, se si restringesse il campo agli studi sul principale prodotto OGM, la soia, l'87% degli studi mondiali contrari pubblicati è stato prodotto da noi.

Non solo, la cosa più "bella" è che tali studi sono stati realizzati solo da due laboratori italiani, i cui lavori sono stati, in diversi casi, anche ritirati con accuse evidenti limiti o addirittura di manipolazioni. Chiaramente, gli articoli "contro" sono quelli più citati dai media e che più condizionano l'opinione pubblica, ma l'Italia, si sa, è un "Paese fenomeno": consuma ogni giorno 10.000 tonnellate di soia OGM importata, e l'87% di tutti i mangimi venduti in Italia contiene OGM.

Questo significa che, senza OGM, il made in Italy in campo alimentare semplicemente non esisterebbe.

(https://www.forbesitalia.com/sites/it/2018/04/24/le-quattro-personalita-dellinvestitore-milionario/#2b3bd5624340).

Uno degli effetti più evidenti è, dunque, un grosso problema di bilancia commerciale.

"Vent'anni di divieti hanno portato a perdite consistenti nelle rese e nel reddito degli agricoltori italiani; si calcolano più di 125 milioni di euro all'anno di mancato guadagno (…). Non saremmo mai per 'No' ideologici, ma sempre per 'Sì' al dibattito, al confronto, su sviluppo e ricerca", ha affermato il presidente di Confagricoltura Massimiliano Giansanti.

È quest'ultima una posizione che condivido appieno, l'unica per battere l'ignoranza che, su questo tema, produce blocchi veramente dannosi.

"Se e quando avremmo sciolto i dubbi, la ricerca a livello globale sarà ormai passata perlopiù in mano alle multinazionali *e come* ricercatori pubblici *saremo* indietro. *Un grave danno per l'Italia, per il futuro dei nostri giovani e per la ricerca libera in generale"*, sostiene Roberto Defez, ricercatore del CNR.

Quindi, per riassumerla: l'Italia ripudia gli OGM, ma, di fatto, li utilizza alla base delle proprie produzioni, comprese le filiere DOP e IGP.

Sui propri terreni, non vuole colture OGM, ma lascia che gli altri Paesi gliele vendano (nel 2015, in tutto il mondo, sono stati coltivati 53,6 milioni di acri di mais OGM, circa un terzo di tutto il mais cresciuto a livello planetario, pari a 8,1 miliardi di dollari) con un deficit della nostra bilancia commerciale agricola di oltre 10 miliardi di euro.

Non vuole sperimentazioni OGM e lascia che i nostri cervelli fuggano all'estero.

Stasera, ho rivisto il mio amico Paolo: adesso, anch'io possiedo alcune conoscenze o, quantomeno, consapevolezze in più rispetto alla materia di cui, l'ultima volta, si faceva maestro, elargendo epiteti figli di assolute certezze radicate nella sua mente.

Non ho voluto riaprire l'argomento.

L'ignoranza funzionale opera, come abbiamo visto, mascherando la complessità dei fenomeni e conducendo ad assolute certezze attraverso l'analisi semplicistica di pochi elementi che si hanno a disposizione, senza preoccuparsi o, secondo l'effetto Dunning-Kruger, senza avere nemmeno l'opzione mentale di doversi preoccupare di capire che al di là del nostro perimetro cognitivo possa esistere un mondo intero di informazioni, di effetti, di collegamenti che, conosciuti e analizzati, possono portarci a considerazioni molto diverse da quello che affermiamo con assoluta certezza.

È quello che è successo a Paolo, il mio amico, l'ingegnere.
È un *low skilled...* almeno su questa materia e, come lui, milioni di altre persone (ne abbiamo visti i numeri nel capitolo precedente) che compongono l'opinione pubblica, che è difficile riconoscere, perché possono avere anche titoli di studio di un certo rilievo, ma che, in certe materie, sono a pieno titolo "analfabeti funzionali" e, in massa, operano scelte in maniera fortemente inconsapevole, che condizionano vita quotidiana di tutti.

Paolo, che vuole l'Italia un paese *OGM Free*, senza aver analizzato a fondo i termini della questione e che non comprende che la vera battaglia a favore del benessere in tutti i sensi è quella di avere un Paese *Ignorance Free*.

Paolo, a cui voglio un mondo di bene, con addosso, anche stasera, la sua bellissima camicia di cotone... naturalmente OGM (ma senza saperlo).

2.4 Vaccino fobia

*"Io ho creato il vaccino che ha eliminato la poliomielite
come minaccia principale per la salute umana.
Il resto è confusione di voi giornalisti".*

Albert Bruce Sabin

Sfioriamo un altro tema molto scottante. Il nome *vaccinus*, dal latino "di vacca", deriva dalle prime sperimentazioni di E. Jenner, in cui il vaiolo, cosiddetto "benigno", preso dalle vacche, veniva inoculato agli uomini, al fine di immunizzarli dalla loro versione umana, mortale. (https://it.wikipedia.org/wiki/Vaccino).

Nel 1796, Jenner scoprì che somministrare all'essere umano il vaiolo vaccino provocava lo sviluppo di anticorpi che proteggevano l'uomo dalla variante umana della malattia.
Dopo anni di tentativi e studi, fu dunque pronto il primo vaccino della storia, in grado di contrastare il veloce ed inesorabile imperversare della malattia.

Poco meno di duecento anni dopo, precisamente nel 1980, l'Organizzazione Mondiale della Sanità dichiarò debellato il vaiolo.

Il numero di vittime mietute da questa malattia fu di proporzioni enormi: basti pensare che, nel 1733, la Groenlandia perse ben 3/4 della propria popolazione e che, nel 1968, a Napoli, morirono in meno di un mese 60.000 persone.

Dati alla mano, è facile capire con quanto entusiasmo fu accolto il vaccino che prometteva, finalmente, di sconfiggere la malattia endemica più atroce della storia.

Come credo ormai sia chiaro, questo libro non si propone di disquisire sul merito dell'immunologia (o di ogni altra materia trattata) ma di capire come mai uno strumento come il vaccino sia percepito da una parte della popolazione come qualcosa di inutile o, in alcuni casi, addirittura come una minaccia per la salute.

Sebbene, infatti, sia noto a tutti che malattie come la poliomielite, la rosolia e lo stesso vaiolo siano state debellate nel corso della storia grazie all'utilizzo sistematico dei vaccini, ci sono ancora ampie fasce della popolazione contrarie all'utilizzo di questi strumenti.

"Il rischio reale, inteso come numero di eventi negativi sul totale dei possibili eventi, non coincide quasi mai con il rischio percepito: alcune minacce per la salute vengono sovrastimate, mentre altre sottostimate.

La cosa più interessante è che esistono dei precisi fattori che modificano in maniera costante la nostra percezione, determinando una sovrastima o una sottostima del rischio reale.

Per esempio, la gente tende costantemente a sovrastimare il numero di decessi dovuti a cause rare, ma acute e letali, mentre sottostima il numero di morti dovuto a patologie croniche molto frequenti, come il cancro e il diabete".

(http://www.pediatria.it/storiapediatria/p.asp?nfile=storia_del_vai olo).

Uno dei fattori fondamentali per analizzare in maniera oggettiva l'avversione ai vaccini sviluppatasi negli ultimi anni passa, sicuramente, dalla comprensione di quanto effettivamente una malattia sia percepita dalla popolazione come pericolosa.

L'esempio più calzante è quello del morbillo. Sebbene i dati relativi al crescente numero di casi facciano emergere un trend allarmante, buona parte della popolazione sottovaluta i pericoli derivanti dalla malattia e si rifiuta di vaccinare i propri figli.

Basta dare un'occhiata alle ultime statistiche relative alla malattia. Tra il 2017 e il 2018, i casi di morbillo sono cresciuti in maniera esponenziale, soprattutto in Italia e in Romania.

Tutte le testate giornalistiche hanno dato ampio rilievo alla notizia, riportando il numero di decessi, l'incidenza dei casi di morbillo e le relative complicazioni. Si guardi, ad esempio, l'articolo di quotidianosanità.it: *Morbillo. Gennaio 2018: 2 morti 164 contagi. Il 93% non era vaccinato.*

(http://www.quotidianosanita.it/scienza-e-farmaci/articolo.php?articolo_id=59324).

Epicentro, il portale dell'epidemiologia per la sanità pubblica (http://www.epicentro.iss.it/problemi/morbillo/aggiornamenti.asp) riporta tutte le segnalazioni dei casi di morbillo e rosolia, con relativi bollettini medici, dai quali si evince facilmente il rapporto tra malattia e mortalità o complicazioni che causano danni permanenti più o meno gravi.

Nonostante fonti autorevoli cerchino di mettere in guardia la popolazione sui pericoli del morbillo e sul rischio derivante dalla scarsa copertura vaccinale, molta gente è ancora convinta che il morbillo non sia altro che una malattia poco grave.

Spera, addirittura, di farla contrarre ai figli quanto prima, organizzando incontri e feste (anche attraverso gruppi Facebook) con bambini malati per favorire il contagio. A tal proposito, La Stampa scriveva già nel settembre 2017: "Morbillo party e chat private. Così la galassia No Vax tenta di boicottare la legge". (https://www.lastampa.it/cronaca/2017/09/06/news/morbillo-party-e-chat-private-cosi-la-galassia-no-vax-tenta-di-boicottare-la-legge-1.34415209)

Escludendo la possibilità che un genitore possa desiderare che il figlio contragga una malattia potenzialmente mortale, si capisce che il problema di fondo sia l'erronea convinzione che il morbillo sia innocuo. Se la scarsa percezione del rischio porta a sottovalutare la malattia, è invece la percezione di un rischio non confermato ad aizzare le folle contro i vaccini. In rete, sono reperibili moltissimi articoli che correlano i vaccini all'autismo. Non trattandosi di fonti attendibili, né tantomeno di articoli pubblicati su testate scientifiche, (meglio non citarne nessuna) una semplice ricerca su Google fornisce un numero infinito di risultati per chiunque volesse addentrarsi nel mondo della "scienza fai da te".

Il passaggio dalla fiducia incondizionata verso il medico alla totale convinzione che la scienza ufficiale sia foriera di menzogne, è stato rapidissimo ed è uno degli effetti collaterali (lo dicevamo all'inizio del capitolo) della rivoluzione di pensiero che, tramite la quella digitale ha eliminato i passaggi superflui.

Così come ha pensato di poter fare a meno dell'opinione dell'agente di viaggi ha pensato di poter fare a meno anche dell'opinione del medico, sfociando addirittura nella "teoria del complotto", accompagnata dallo strumento della condivisione seriale di notizie *fake*.

Una volta insinuato il dubbio che il vaccino possa essere potenzialmente dannoso, diventa comprensibile il perché un genitore possa rifiutarsi di inocularlo ai propri figli, preferendo il rischio che contragga una malattia che ritiene poco grave, rispetto al ben più temuto sviluppo di una patologia ad oggi senza cura come l'autismo (https://www.bambinieautismo.org/).

Il primo a correlare questa patologia al vaccino trivalente MPR fu Andrew Wakefield, il cui studio fu in seguito smentito, poiché i dati in esso contenuti erano stati modificati ad arte per confermare la sua teoria.
(http://www.epicentro.iss.it/temi/vaccinazioni/autismoVaccini2014.asp);
(https://www.fondazioneveronesi.it/magazine/articoli/pediatria/autismo-e-vaccino-storia-di-una-frode-scientifica).

L'analfabetismo funzionale gioca molto sulla riproposizione di notizie ridondanti già smentite, ma ridurre tutti gli antivaccinisti a un gruppo di stolti incapaci di comprendere quello che leggono è un errore da evitare. Infatti, a scagliarsi contro i vaccini sono persone colte, che si informano e valutano in maniera razionale le notizie raccolte
(http://www.linkiesta.it/it/article/2017/06/30/gli-antivaccinisti-sbagliano-ma-sono-perfettamente-razionali-e-non-sar/34759/).

Il problema di fondo sta spesso in due fattori fondamentali:

- La decontestualizzazione di alcune notizie,

- La totale chiusura verso le istituzioni e le autorità competenti. Se non si può negare in modo assoluto che i vaccini possano anche causare complicazioni, non si può nemmeno dire che ci sia una statistica che ne metta in discussione l'utilizzo su scala mondiale.

In altri termini, il tema dei vaccini va analizzato dal punto di vista dei benefici a livello sociale, non sul singolo individuo. Il ragionamento è lo stesso che si utilizza per valutare l'obbligo delle cinture di sicurezza.

Sebbene in rarissimi casi siano le cinture stesse a causare la morte degli automobilisti, è innegabile che si rivelano salvavita in percentuale assai maggiore. Per questa semplice ragione statistica, vige l'obbligo di indossare le cinture e, ad oggi, nessuno si è scagliato contro la lobby dei produttori di cinture di sicurezza, né tantomeno sono nati gruppi anti-cinture.

2.5 La paura dell'uomo nero

"Siamo tolleranti e civili, noi italiani,

nei confronti di tutti i diversi. Neri, rossi, gialli.

Specie quando si trovano lontano, a distanza telescopica da noi".

Indro Montanelli

Forti ormai dei concetti di fondo che stiamo sviluppando e in continuità con il filo conduttore alla base di questa piccola analisi, proseguiamo con lo spostarci di qua e di là su quella linea che vede da un lato l'Effetto Dunning-Kruger e dall'altro la Sindrome dell'Impostore, per osservare cosa succede se mettiamo in ballo un altro degli argomenti brucianti del momento, su cui si controbattono politiche, opinioni e… vite umane.

L'invasione dei migranti. Tu cosa ne pensi?

Avrai sicuramente un'opinione a riguardo!

"La minaccia è davvero grossa", l'assunto condensato che stamattina sintetizzava la discussione dei miei colleghi di lavoro…

Condito dai più discorsivi: "Ormai siamo alla frutta", "Ci stanno cacciando dalle nostre case e dai nostri posti di lavoro", "Non abbiamo nemmeno più la sicurezza di poter fare una passeggiata tranquillamente", "Sono aumentati i reati, stupri, rapine…", "Non parliamo del terrorismo e delle possibili malattie", "Ogni giorno ne arrivano migliaia e migliaia", "Avete visto quanti? …ovunque". Quanti? (la mia domanda). Tanti, tantissimi… troppi (le risposte).

Come già analizzato, l'ignoranza funzionale trova la sua base comportamentale nella tendenza a far proprie solo alcune parti di informazioni, filtrandole attraverso propri schemi pregiudiziali, in modo da dare una lettura molto semplicistica a fenomeni di più elevata complessità. Si creano, in questo modo, scorciatoie mentali utili a raggiungere rapidamente quello stato di tranquillità sociale di cui necessitiamo, dato dalla comunanza di opinione con i propri gruppi di riferimento (famiglia, colleghi di lavoro, amici, ecc.), opinione che risulta basata fortemente sul racconto e sulla validazione di fonti ritenute attendibili, ma senza assicurarsi che lo siano davvero.

Come si diceva per il web, vale anche più in piccolo, nei gruppi di riferimento: "Se lo dicono tutti… è vero" (meccanismo chiamato il "pregiudizio della conferma"), diventa la considerazione di base che in maniera velocissima attiva i meccanismi di ragionamento dei più e diviene il terreno dove l'ignoranza funzionale coltiva i suoi migliori frutti.

È così che strutturiamo statistiche guardando alla cerchia dei nostri conoscenti, per poi estenderle alla dimensione del "tutto".

Per cui, se la alcuni dei nostri amici quest'anno sono andati in vacanza in Sardegna, per noi la Sardegna è la meta più visitata d'Italia; se a molti dei nostri conoscenti piace il gelato al cioccolato, per noi il gusto di gelato in assoluto più venduto è il cioccolato. In realtà, si tratta di un meccanismo di autodifesa cognitiva che ci porta a cercare certezze dove non ne possediamo e dove è complicato trovarle.

È un meccanismo di autodifesa che abbiamo tutti, ma che diventa un problema quando prende il sopravvento sul nostro senso critico e ci porta a fare valutazioni, seguendo sempre tale schema e trasformandoci in ignoranti funzionali.

Come abbiamo visto e vedremo (e da ciò prende il via questo lavoro), l'effetto sulla vita economica, sociale, politica, ecc. delle scelte provenienti da questi meccanismi di pensiero è determinante.

Ma veniamo ai nostri migranti. Torno a sottolineare e non smetterò mai di farlo: non compete a me stabilire se le politiche su questo, come su altri problemi, siano corrette o sbagliate.

L'obiettivo di questo lavoro è sempre quello di aiutarti a pensare meglio, anche osservando quali meccanismi formano le opinioni e di conseguenza le scelte che vengono operate.

Secondo uno studio dell'IPSOS (https://www.ipsos.com/ipsos-mori/en-uk/perils-perception-2015) in una classifica dei Paesi più ignoranti al mondo, ottenuta testando il grado di conoscenza della popolazione su tre temi, quali l'immigrazione, la diseguaglianza sociale e l'obesità, sui trentatré Paesi industrializzati, l'Italia (manco a dirlo) entra nella Top Ten, occupando il decimo posto (al primo posto il Messico, seguito da India e Brasile).

Lo studio mette in luce le percezioni distorte dei cittadini in merito a questi tre temi, rispetto allo stato di fatto reale. La maggior parte degli italiani, secondo tale studio, crede che nel nostro Paese ci sia il 30% della popolazione composta da immigrati.

In realtà, la soglia calcolata, al momento dello studio, si aggira intorno al 7%; così come diffusamente si ritiene che il 20% siano musulmani, quando la percentuale si aggira intorno al 4%.

Non solo, secondo lo stesso studio, la maggioranza degli italiani pensa che la soglia di disoccupazione nazionale sia al 49%, mentre, in realtà, è al 12% e che i cittadini sopra i sessantacinque anni si attestino intorno al 48%, quando, in realtà, sono il 21% della popolazione.

Un Paese, dunque, al tracollo, invaso da immigrati, e pieno di disoccupati e vecchi. Certo, lo saremo anche (per qualche verso), ma non certo nelle soglie che l'immaginario collettivo ci propone e che, messe insieme, chiaramente, non reggerebbero.

Alla stessa maniera vengono dilatati e drammatizzati i problemi che senz'altro esistono, ma in proporzioni decisamente differenti, e vengono sminuiti e sottovalutati innumerevoli aspetti positivi. Nel 2015, con la Grecia verso il default, la convinzione degli italiani era che la stessa sorte sarebbe prima o poi toccata a noi, non considerando che il PIL (prodotto interno lordo) greco rappresenta all'incirca 1/6 di quello italiano e corrisponde, grosso modo, a quello della sola Lombardia.

Il 71% dei nostri connazionali ignora che l'Italia, grazie alla presenza di oltre 4 milioni di imprese, è la seconda potenza manifatturiera d'Europa (dopo la Germania).

Quanto sopra, è messo in evidenza anche in un libro dello statistico e politologo Nando Pagnoncelli, dal titolo *Dare i numeri. Le percezioni sbagliate sulla realtà sociale.*

Per restare allacciati al discorso migranti e a ciò che sentivo dire stamattina, tra i miei colleghi di lavoro, a riassunto di quello che è il sentimento comune: "...è vero che anche noi siamo stati migranti, ma noi non eravamo come loro, e ci accettavano con piacere". A partire dalla fine del 1800 e per i primi anni del '900, la storia americana ci porta nota di azioni da parte del Congresso, tendenti a limitare l'arrivo ed espellere immigrati, alimentando preoccupazione che sfociarono in un'ondata razzista.

La legislazione americana degli anni '20 introduce il sistema delle quote, che va a limitare gli sbarchi dai Paesi arretrati dell'Europa del sud: italiani e slavi (*US Waste. Rifiuti e sprechi d'America. Una storia dal basso*).

"Noi andavamo lì per lavorare, non per fare i parassiti, come fanno questi, a spese degli italiani".

Si considera, in tal modo, solo la parte di costo relativa al problema e non la parte di vantaggio.

Ciò, abbiamo detto, è tipico dell'ignoranza funzionale: guardare la questione solo da una parte, far proprie parti d'informazioni che semplificano ed accomunano il nostro pensiero ai nostri gruppi di riferimento).

Prendiamo ad esempio i dati certificati del 2011: la spesa sostenuta per gli immigrati è stata pari a 11,9 miliardi, mentre gli introiti riconducibili ad essi (contributi previdenziali e tasse) sono state pari a 13,3 miliardi, con un saldo positivo per il sistema Paese di 1,4 miliardi (Rapporto UNAR).

Il saldo risulta positivo, anche se guardiamo a dati più recenti (https://www.istat.it/it/archivio/140871).

La Fondazione Leone Moressa, che pubblica ogni anno un approfondito studio (edito dal il Mulino) sull'economia dei migranti, ha individuato un numero pari a 2,3 milioni di stranieri, che hanno effettuato la dichiarazione dei redditi in Italia; i versamenti IRPEF superano i 3 miliardi di euro.

A questi vanno poi aggiunti l'imposta indiretta sui consumi (stimata in 2,5 miliardi), le imposte sui carburanti (940 milioni di euro), circa 240 milioni annui derivanti da gioco del lotto e lotterie, altri 340 milioni di euro circa tra rinnovi dei permessi di soggiorno e richieste d'acquisizione della cittadinanza italiana. In totale 7,2 miliardi.

Vanno anche considerati i contributi previdenziali, spiega il rapporto della Fondazione Leone Moressa. Questi, infatti, pur non essendo una vera e propria imposta, nell'immediato, rappresentano comunque un sostegno per le casse dello Stato. A partire dai dati di fonte MEF e ISTAT, si può stimare che i 2,4 milioni di stranieri occupati in Italia abbiano versato complessivamente 11,5 miliardi di euro. Un dato che, sommato ai 7,2 miliardi, porta a 18,7 miliardi di euro di entrate.

Per la determinazione delle uscite, sono stati utilizzati due metodi che, comunque, portano a risultati simili; in ogni caso, il saldo risulta positivo per l'Italia di 2,1 miliardi o di 2,8 miliardi, a seconda di quale metodo di determinazione si prenda in esame.

Italia. Stima delle entrate e delle uscite:

Miliardi di euro (costo medio, A.I.* 2015). Saldo (Entrate – Uscite) +2,1 miliardi di euro. (*) Anno d'imposta.
 (Fonte: Elaborazioni Fondazione Leone Moressa su dati MEF e ISTAT).

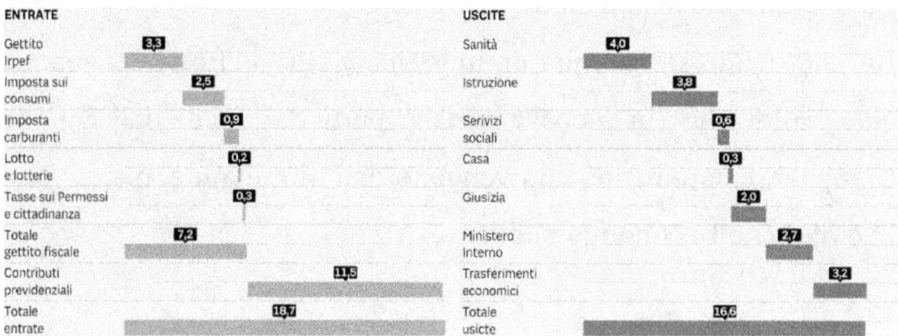

"Rispetto agli anni precedenti" – spiega lo studio della Fondazione Leone Moressa – "vi è stato complessivamente un aumento sia dei costi che dei benefici.

Da un lato, infatti, è aumentata la spesa per l'accoglienza; dall'altro l'inizio della ripresa economica ha determinato un aumento dell'IRPEF e dei contributi previdenziali, oltre che un incremento dell'IVA.

Una conferma del principio per cui la spesa per l'accoglienza (che attualmente si configura solo come un costo) può portare benefici nel medio periodo, se accompagnata da politiche per l'integrazione e l'inclusione lavorativa".

"Ma noi a questi gli diamo quaranta euro al giorno, con tanti nostri poveri connazionali che soffrono la fame".

La diaria riconosciuta ad un migrante è di circa tre euro al giorno.

Il costo medio stimato per un migrante è pari a circa trentacinque euro, soldi che (in piccola parte coperti dai fondi dell'Unione Europea), chiaramente, non vengono dati al migrante, ma entrano in circolo nell'economia italiana.

"Vengono qui a delinquere. Sono aumentati i reati, tutti commessi da loro".

Secondo un recentissimo studio della fondazione Hume, il flusso migratorio verso l'Europa è andato crescendo. Dal 1990 in poi, a fronte di una diminuzione del flusso verso gli Stati Uniti, i reati denunciati (di ogni genere), nello stesso arco di tempo osservato, sono diminuiti, ma la quota degli stessi per i quali sono imputati gli immigrati è cresciuta costantemente, fino al 2009, per poi flettere, pur continuando a rappresentare un 25% del totale dei denunciati.

Come emerge anche da questo tema (così come per molti altri), la risposta sta nei nostri ritardi strutturali, nelle carenze che abbiamo in molte aree cruciali, come il controllo del territorio e l'amministrazione della giustizia. Se l'immigrazione trova spazio fecondo per delinquere è perché sono forti le disuguaglianze, poca la mobilità sociale, alta la disoccupazione.

"Tutte caratteristiche" – conclude il report della Fondazione Hume – "che si ritiene non favoriscano l'integrazione degli immigrati e, anzi, contribuiscano a determinare anche per loro un quadro di negative condizioni socioeconomiche".

La sfida all'integrazione rappresenta, senz'altro, un punto cruciale nella riduzione dei reati, che trovano ambiente ideale nei substrati connotati da tali condizioni e che li favoriscono indipendentemente dall'essere immigrati o connazionali.

Nuovamente, la gestione di queste tematiche spetta alla politica e, lungi dal voler essere schierati, torniamo al nocciolo del problema: la distorsione cognitiva, il gap (enorme, per quanto abbiamo visto relativamente, soprattutto per il nostro Paese) tra ciò che si sviluppa come pensiero comune e la realtà dei fatti.

È questo il dramma vero. È una questione che investe il tema della fiducia verso il futuro, della creazione del benessere sociale collettivo, del rapporto tra i rappresentati e i rappresentanti. Neppure la politica è indenne dai danni, che (volutamente o non volutamente) produce tale distorsione: si pensi che gran parte degli italiani è seriamente convinta che la riduzione dei costi della politica porti alla soluzione dei problemi economici del nostro Paese. Basta avventurarsi in qualche semplice dato per capire che si tratta di una goccia nell'oceano.

Ora, non entriamo nell'agnotologia, (disciplina che studia la creazione mirata e premeditata dell'ignoranza, da parte di gruppi politici o di aziende) di come e quanto tutto ciò sia voluto o non voluto, non è qui oggetto di discussione. Ci limitiamo semplicemente ad evidenziare quanta parte del vissuto è condizionata dall'ignoranza.

Restando ancora nel tema del paragrafo, un altro rischio portato dai migranti sarebbe quello delle malattie.
Secondo lo stesso studio dell'Ipsos MORI, il 60% degli italiani teme e si preoccupa per un'improbabile epidemia di ebola, mentre mantiene normalmente i suoi stili di vita senza alcuna (o poca) preoccupazione per il proprio colesterolo, origine della prima causa di morte in Italia: cioè, le malattie ischemiche del cuore e, a seguire, quelle cerebrovascolari.

Così come non molta attenzione si pone alla prevenzione dei tumori o alla sicurezza dei nostri ragazzi (data la prima causa di morte tra i quindici e i ventiquattro anni quella degli incidenti da trasporto).

Se i dati Ipsos possono sembrare un po' vecchi, è bene confrontarli e validarli con l'ultimo Rapporto Eurispes (2018), secondo il quale la situazione non varia di molto.

Gli stranieri residenti in Italia sono oltre 5 milioni, pari all'8,3% della popolazione totale residente. Se a questo aggiungiamo quelli che la Bossi-Fini definisce "clandestini" (tra le 500 e le 800mila unità), possiamo arrivare al massimo al 10%. Invece, la percezione nazionale è molto diversa: per il 35% dei nostri connazionali, la cifra sarebbe circa del doppio e per un 25% degli italiani, nel nostro territorio, una persona su quattro sarebbe straniera.

Ancor peggio se si parla d'immigrati provenienti dal continente africano: solo il 15,4% è consapevole che si tratta di una esigua minoranza rispetto al totale della popolazione, cioè l'1,7%. (http://www.fondazionehume.it/societa/crimine-e-immigrazione-in-italia/).

Ciò che emerge, ancora una volta anche su questo tema, è profondamente sconcertante.

Se il fenomeno della migrazione è intrinseco nella storia dell'umanità e ha contraddistinto lo sviluppo della società contemporanea, negli ultimi anni, l'impatto sulla percezione dell'opinione pubblica è aumentato fortemente.

È veramente molto difficile entrare in maniera costruttiva in un dibattito che si è fortemente polarizzato tra i pro e i contro cavalcando e, talvolta, incentivando, da questa o da quell'altra forza politica, il differenziale tra percezione e realtà dei fatti.

Situazione che giova ad alcuni e che mette in forte contrapposizione i poveri ai disperati, i penultimi agli ultimi, con un odio mai visto prima da parte degli uni verso gli altri.

È questo lo stato di fatto che rappresenta la base di partenza di un dibattito che non può essere serio, perché si posa su fondamenti che, semplicemente, non esistono nelle proporzioni in cui vengono avvertiti. È l'ignoranza funzionale, ancora una volta, l'elemento che, più fortemente rispetto agli altri, incide sulle scelte economiche, politiche e sociali, con i danni che tutti conosciamo.

2.6 L'ignoranza che incontra l'ignoranza

"La mente ignorante non interroga le apparenze
per decidere se sono corrette.
Essa accetta semplicemente il fatto che
le cose sono come sembrano".

Tenzin Gyatso (Dalai Lama)

Dopo argomenti di maggior peso sociale di cui abbiamo dato un "assaggio" nei capitoli precedenti, portiamo brevemente lo sguardo su un altro fenomeno minore, ma forse ancora più raccapricciante, se osservato nella distorsione della sua semplicità, a seguito del micidiale incontro tra l'ignoranza e l'infinito spazio della rete.

Il blogger salernitano, Andrea Maisto, (Il Signor Distruggere) non molto tempo fa, ha scoperchiato un vaso di Pandora dal quale è emerso il cosiddetto "fenomeno delle mamme pancine".

Chi sono queste "mamme pancine"?

Sotto questa simpatica dicitura, che rimanda l'immaginazione a qualche cartone Disney o a qualche simpatico peluche, si cela una sorta di lobby, fatta di ragazze più o meno giovani (mediamente dai quattordici ai quarant'anni), con una sorta di attaccamento cieco al concepimento, quasi fosse l'unica ragione della loro esistenza.

Sono donne che si destreggiano bene nel mondo dei social, all'interno del quale si aggregano in gruppi, dove condividono le proprie esperienze, chiedono ed elargiscono consigli.
Tra ignoranza, fanatismo, trash e superstizione, comunicano, spesso in maniera sgrammaticata, hanno dubbi surreali.

Inoltre, pongono domande che hanno dell'incredibile: si scambiano consigli medici fai da te, parlano di sessualità in maniera quasi ingenua, vergognandosi un po', e danno un nome ai loro genitali che diventano la "fiorella" e il "flauto", subiscono il sesso, quale dovere nei confronti del marito.

I loro metodi anticoncezionali sono: la Coca Cola, il doccino (correndo in bagno con delle precise e "scientifiche" tempistiche a lavarsi fino in fondo per avere la sicurezza di aver eliminato per bene il "mielino"), oppure bere quattro litri di acqua prima del rapporto e trattenerla in pancia per poi farla uscire di colpo quando il marito ha finito.

Per essere più fertili, bruciano assorbenti sul terrazzo, preparano test di gravidanza con acqua, olio e curcuma, sono feticiste dell'allattamento al seno fin che ce n'è o fanno bere il loro latte con aspirina al marito, contro il mal di testa. Pubblicano foto di bambini nudi e vietano di avvicinare il neonato agli specchi prima del battesimo.

Guai se il "gine" (che nel loro linguaggio fatto di vezzeggiativi è il ginecologo) si azzarda a contrastare qualche loro credenza; in fondo, "Cosa ne può sapere se non ha mai partorito di persona un bambino?". I consigli del "peddy" (il pediatra), prima di essere attuati, devono essere vagliati da un gruppo di altre mamme simili che hanno già provato, quindi hanno l'esperienza per poter controbattere ciò che dice un medico.

Sono molto aggressive nei confronti di chiunque cerchi di invadere la loro cerchia: essa rappresenta per loro un fondamentale spazio di intimità e di condivisione, non aperto a chi di quel mondo non fa parte. Sempre per loro, anche il ruolo del padre nella crescita dei figli è marginale e si limita quasi esclusivamente ad una partecipazione all'atto di messa al mondo e alla loro sussistenza economica.

Il cosiddetto "Medioevo delle mamme pancine" cela dietro di sé un mondo di paure, incertezze e fragilità, che solo uno stato di profonda ignoranza può spiegare.

All'interno del legittimo atto di aggregarsi in gruppo per condividere esperienze, si annidano le insidie più pericolose che l'ignoranza può generare e che si possono manifestare sotto forma di pericoli per la salute psicofisica bei bambini e delle mamme stesse, nonché (come abbiamo visto) nell'alimentazione di quel disastroso circolo vizioso che è la diffusione di *fake news*.

Diversi psicologi e sociologi hanno detto la loro su questo interessante fenomeno, di cui si è parlato su importanti testate giornalistiche e programmi televisivi.

Tra i vari effetti di questo fenomeno, voglio sottolinearne uno.

La pagina Facebook gestita dal Signor Distruggere (oltre un milione di followers) ha creato, dal lato opposto, un "mini esercito" di "deridi pancine", di persone divertite dai mirabolanti screenshot presi e pubblicati con stile "denuncia di fenomeno" e dati universalmente (manco a dirlo) per veri "a prescindere".

Ma quanto c'è, poi, di effettivamente vero in tutti questi post? Andiamo per ordine.

Degli screenshot pubblicati sulla pagina "Non ci è possibile verificare l'autenticità" – dichiara lo stesso Maisto in un'intervista su L'espresso – "perché vengono condivisi in anonimo su pagine e gruppi legati al tema della maternità. Con le amministratrici di quei gruppi non c'è alcun dialogo umano, bannano chiunque non le riconosca come autorità, in stile 'papato del tardo Ottocento'".

Questo però, non pare essere un problema per Maisto, in quanto afferma di non essere un giornalista, che la sua non è un'inchiesta, ma un'attività di tipo umoristico.

Questi screenshot arrivano a Maisto tramite segnalazioni via e-mail, tramite persone, per suo conto, infiltrate nei vari gruppi e/o tramite la sua stessa opera di infiltrato (queste le tre fonti che egli, in separate interviste, dichiara di utilizzare).

"Quello su cui però possiamo garantire è la veridicità dei commenti ai post condivisi. Spesso, i commenti sono peggio dei post stessi e quelli vengono scritti dalle autrici con nome e cognome".

Dunque, la censura sui nomi di chi commenta è opera dello stesso Maisto. Taluni giornalisti hanno, però, svelato come alcune delle foto all'interno di questi screenshot sono prese da pubblicazioni precedenti e come, analizzando vari post, molti di questi sembrano provenire dalla stessa mano (errori simili, linguaggio simile, stesso font, ecc.).

Ora, tornando al tema che stiamo esaminando, non è certo a me che compete stabilire l'autenticità o la buona o cattiva fede dell'opera del signor Maisto (in questo caso), ma occorre analizzare sempre il prodotto (paradossale) dell'azione di individui che si muovono con incompetenza sui più svariati temi che la società ci rifila.
Certamente, esiste il fenomeno delle "mamme pancine", inteso come insieme di donne dal profilo culturale molto basso che, in un luogo specifico, (internet) è artefice di discussioni incredibili, e questo è un fatto.

Altro fatto è la messa in evidenza di tale fenomeno, calcando la mano (in buona fede o meno) su post che potrebbero (per ammissione stessa di chi li propaga) essere tranquillamente falsi, all'interno di un sistema che si dichiara fortemente impegnato alla lotta contro le *fake news*.

Tuttavia, si dà una gigantesca risonanza mediatica (su La Repubblica, su L'espresso, nella trasmissione Cartabianca di Rai Tre, ed altro) a chi non riesce a garantire l'autenticità di ciò che propone al pubblico come scoperta di un grande fenomeno.

Questo crea in migliaia di persone il "popolo dei migliori", la sensazione di avere l'autorità morale per poter, commentando, denigrare e schernire discussioni che, probabilmente, neanche esistono e, se così fosse quale sarebbe (o qual è) il vero "popolo degli imbecilli"?

È l'ignoranza che incontra l'ignoranza. E quale delle due è la peggiore? Il problema sta nell'utilizzo dello strumento: Facebook non è la realtà. È questo il passaggio chiave, apparentemente noto a tutti, ma che, nei fatti, sembra sfuggire a tutti.

Facebook è fiction. Come tale, dev'essere trattato, ed è con questa concezione che bisognerebbe approcciarsi allo strumento.

Esattamente come nella fiction, su Facebook esistono avvenimenti reali, che vengono poi romanzati, ampliati, ridotti, alterati, secondo le più svariate fantasie dei registi (milioni, in questo caso) e degli attori (altrettanto).

Su Facebook, esistono le bufale: quelle false, che sembrano tali, ma che, in realtà, non lo sono, ed esistono quelle vere, che non sembrano tali, ma che, in realtà, lo sono.

Come nella fiction, su Facebook, le immagini sono modificate, o indebolite. È così che le persone sembrano più belle o più brutte di quello che sono nella realtà... o semplicemente non esistono proprio (sono stuntmen, per mantenere il parallelismo con la fiction).

Anche i luoghi sono modificati, abbelliti all'inverosimile o imbruttiti, oppure sono realmente così belli, tali da essere scambiati per luoghi ritoccati, invece sono veri... e così le opinioni.

E ritorniamo alle "mamme pancine": a volte, sono così paradossali da sembrare false, ma probabilmente (proprio per questo) perfettamente reali o, viceversa, assolutamente fasulle.

Ma queste sono considerazioni che, davvero, dovrebbero con naturalezza essere ben radicate nella mente di ogni utilizzatore di questo (come di altri) social, ma che sembrano completamente ignorate da una grossa fetta di individui.

Ancora una volta, l'annientamento del senso critico, in conformità ad un mucchio di individui che si gonfia a dismisura e che non si pone domande (o se ne pone davvero poche) è, allo stesso tempo, lo specchio e il riflesso di quei numeri che abbiamo visto prima, in merito alla quantificazione dell'ignoranza funzionale nel nostro Paese.

2.7 Storie d'ignoranza nella storia

"L'illusione è la gramigna più tenace della coscienza collettiva:
la storia insegna, ma non ha scolari".

Antonio Gramsci

Svizzera, Canton Glarona, 13 Giugno 1782: la testa di Anna Göldi, con un violento colpo di scure da parte del boia, viene tranciata di netto dal suo corpo e chiude, per sempre, un capitolo oscuro quanto lungo della storia dell'umanità (o, della disumanità, per meglio dire). L'ultima strega al mondo viene giustiziata.

Sì, perché Anna Göldi è una strega.
Questo il succo della sentenza emessa dai giudici del consiglio evangelico di Glarona, dopo aver ottenuto piena confessione dall'imputata, sotto violente torture, di dialogare col diavolo, che le si presenta sotto forma di cane nero. Siamo, ripeto, alla fine del 1700, non nel Medioevo, ma in pieno Illuminismo, a seguito della già compiuta vittoria della ragione contro la superstizione,

trent'anni dopo la pubblicazione dell'*Enciclopedia o Dizionario ragionato delle scienze, delle arti e dei mestieri.*

La storia dell'ultima strega continua a esercitare il suo fascino. Anna era una donna molto autonoma per la sua epoca e molto attraente. È morta a seguito di un processo già scritto, che, anche per l'epoca, è uno scandalo giudiziario data l'assenza di prove. Molto probabilmente, risultò tale per coprire la relazione sessuale con il suo potente accusatore, timoroso che proprio il carattere molto forte ed indipendente della donna avrebbe potuto essere per lui una minaccia.

Irlanda, Kilkenny, 1324, Petronilla de Meath: anch'essa una serva, ma anche la prima donna ad essere bruciata sul rogo come strega. Petronilla è a servizio di Alice Kyteler, figlia unica di proprietari terrieri, donna molto ricca che, dopo la morte del quarto marito, riceve le accuse dei figli di quest'ultimo per averlo avvelenato. La posizione influente della donna fece sì che ad essere arrestato fu, invece, il vescovo locale.

Quest'ultimo, per colmare la sua rabbia, volle andare in fondo alla vicenda e (manco a dirlo) a farne le spese fu la povera ed indifesa

Petronilla, serva di ventiquattr'anni, che fu processata come strega, complice di Dame Alice.

Fu fustigata e costretta a confessare tutto ciò che la fervida immaginazione del vescovo potesse concepire: patti con demoni, rapporti sessuali con tali creature, utilizzo della magia da parte di Alice per indurre i suoi mariti a nominarla erede, ecc.

Dopo le lunghe sofferenze inflitte, la giovane donna fu condannata al rogo e bruciata viva la domenica del 3 novembre 1324. Fu la prima persona in Irlanda a essere giustiziata per il crimine di eresia e il suo processo fece scuola, ispirando gli inquisitori dei secoli successivi.

La cosiddetta "caccia alle streghe" è da denominazione che si è soliti utilizzare per descrivere il fenomeno che ha portato, in quasi cinquecento anni, da Petronilla ad Anna, al massacro di decine di migliaia di persone, soprattutto donne, ma anche uomini in diversi casi, accusati del crimine di stregoneria.

Le presunte streghe appartenevano, perlopiù, a classi sociali inferiori (non mancò qualche caso di nobildonna condannata), soltanto una piccola minoranza di loro poteva essere realmente annoverata tra i veri e propri criminali.

La maggioranza era, invece, composta da persone innocenti, di solito vedove, levatrici, prostitute, o persone con caratteristiche fisiche particolari (capelli rossi, affetti da polimastia, ecc.).

Nel 1484, papa Innocenzo VIII emanò la Bolla *Summis desiderantes affectibus*. Con essa, diede ai frati domenicani, Jacob Sprenger e Heinrich Institor Kramer, pieni poteri in alcune regioni della Germania per svolgere, incontrastati, la loro opera di inquisitori contro il delitto di stregoneria.

Con atto formale, la chiesa riconosce l'esistenza delle streghe e concede, in maniera forte, il permesso di prendere tutte le iniziative per combatterle.

Questi due frati, nel 1487, pubblicarono il *Malleus Maleficarum,* un trattato che ha un successo incredibile e diventa il più importante testo di riferimento sulla stregoneria.

Il luogo comune da sgombrare è, dunque, che quest'olocausto sia avvenuto nei secoli bui del Medioevo, come l'immaginario ci porta a pensare. Invece no: come abbiamo visto, siamo nell'era del Rinascimento, dove la ragione si fa sempre più strada rispetto alla scaramanzia.

È proprio in quest'era che si diffonde l'idea che le streghe siano una minaccia per il mondo, assolutamente da debellare: bisogna necessariamente sterminarle per salvare l'umanità.

Questo che sembra un paradosso, in realtà, non lo è: primo perché, proprio in quest'epoca, vengono riscoperti e letti testi molto antichi che parlano di streghe; secondo perché siamo nell'era dell'Inquisizione contro l'eresia protestante e l'apparato inquisitorio, essendo repressivo, cerca, in maniera naturale, nuove frontiere verso cui espandersi.

Dunque, ci si convince in maniera diffusa dell'esistenza delle streghe, si ramifica questa subcultura, che fa presa in tutti gli strati della società. È una svolta nella mentalità collettiva: si dà per vero che il diavolo stia scatenando una guerra contro l'umanità, guerra che bisogna combattere e vincere assolutamente.

S'infiammano quei meccanismi che abbiamo visto prima: una sorta di ignoranza funzionale che colpisce, indipendentemente dal grado di cultura. Questa poggia la sua base di verità su ciò che è un sentimento comune (ritorniamo al famoso: "se lo dicono tutti è vero") che si autoalimenta, come visto prima, il cosiddetto "pregiudizio della conferma".

La gran parte dei processi di allora si fonda su una somma di testimonianze che vengono dalle comunità dell'epoca (nel piccolo paesino: il fornaio, il sagrestano, il contadino).

Le suddette testimonianze sono tutte concordi nell'accusa contro la levatrice, la serva, la meretrice… insomma, la strega di turno per "aver sentito dire che…". Tali accuse sono indizi, che si trasformano poi nella "prova regina", che è la piena confessione dell'imputata a seguito di torture e che, al solo pensiero, fanno rabbrividire.

Quest'esempio d'ignoranza è costato al mondo lo sterminio (i numeri sono molto variabili, ma gli ultimi studi concordano) di circa cinquantamila persone, soprattutto donne, soprattutto nei Paesi protestanti e soprattutto dov'erano le autorità locali, senza controllo dall'alto, a fare il bello e il cattivo tempo.

In Italia, grazie ad un ferreo controllo centralizzato da parte del Sant'Uffizio, le condanne capitali furono molto ridotte, rispetto al numero dei processi celebrati (la gran parte dei processi è finita con condanne a pene espiative e rieducative).

La più grande follia di tutti i tempi, la Shoà (per passare ad altro periodo) nasce proprio dalla più bestiale *fake news* della storia: i Protocolli dei Savi di Sion.

Questi protocolli furono creati dai servizi segreti zaristi, sotto forma di documento segreto, attribuito a logge massoniche ebraiche che avevano il presunto obbiettivo di impadronirsi del mondo, con il preciso intento di diffondere l'odio contro gli ebrei. A partire dagli anni '20, il documento iniziò la conquista del mondo. Tradotti in ben sessanta lingue, i Protocolli diffusero l'antisemitismo sull'intero pianeta, anche se, già nel 1921, il giornale inglese Times ne smascherò la falsità attraverso una serie di articoli.

Nella Germania nazista, i Protocolli dei Savi di Sion, divennero la giustificazione delle persecuzioni di Hitler contro gli ebrei.

Questi trattati sono solo due degli innumerevoli esempi che si potrebbero fare in merito ai disastri che l'ignoranza ha provocato nella storia dell'uomo e che, come detto, con l'avvento delle nuove tecnologie, all'interno della più grossa rivoluzione di pensiero mai esistita, continua, seppur in forma diversa, a provocare.

RIEPILOGO DEL CAPITOLO 2:

• SEGRETO n. 1: Nell'era della più grande trasformazione finora conosciuta nella storia dell'uomo, il web è il campo dove l'ignoranza funzionale si mostra in tutta la sua pienezza, con molte di quelle che sono le sue sfaccettature.

• SEGRETO n. 2: L'ignoranza funzionale ha parecchie pericolose derive, ne abbiamo viste alcune: il complottismo, la presunzione di onniscienza, la paura del diverso, ecc.

Tutte queste contribuiscono a formare l'opinione pubblica, la quale determina la classe politica che, per ragioni di consenso, effettua scelte confacenti all'opinione pubblica stessa, a dispetto anche del rigore scientifico delle tesi opposte.

• SEGRETO n. 3: Per quanto sopra, l'ignoranza funzionale si autoalimenta e, anche se più radicata in strati sociali con minor accesso all'istruzione, non conosce livello sociale che ne è indenne.

L'ignoranza è stata la madre dei più grandi disastri della storia e lo è tutt'ora.

Capitolo 3:
Raggiungere il successo con il *funnel model*

3.1 L'era della post-conoscenza

> *"Ciò che si dice:*
> *la conoscenza consiste nel ricondurre l'ignoto al noto;*
> *ma la vera conoscenza, la conoscenza essenziale,*
> *non dovrebbe procedere nel senso opposto?"*

> *Mario Andrea Rigoni*

Dunque, da quanto osservato finora, emerge chiaramente che il grande sviluppo tecnologico e le trasformazioni che hanno investito la nostra era hanno creato la possibilità, per tutti, di accedere ad una quantità di informazioni senza precedenti.

L'effetto di tutto questo sembra però essere, sotto molti punti di vista, non un nuovo Illuminismo, ma un nuovo Medioevo.

Questo è contraddistinto dall'accrescersi dell'incompetenza e dell'incapacità di utilizzare le informazioni così facilmente reperibili e alla portata di tutti.

Dunque, in un'epoca dove scienziati, medici, ingeneri perdono la loro funzione di "santoni", punti di riferimento sacri per la risoluzione di problemi complessi o, anche più semplicemente, guide per aprire la strada a visioni altrimenti difficilmente ravvisabili, la conoscenza, basata sul possesso di nozioni e competenze di tipo dottrinale e materiale, va radicalmente ripensata.

Facendo un passo indietro nel tempo e muovendoci in un campo quanto più oggettivo e scientifico possibile, quello della chimica e della fisica, mi piace citare uno dei precursori, in tempi ancora non sospetti, di quanto oggi stiamo analizzando. Mi riferisco al Professor Michael Polanyi (1891-1976), dell'Università di Manchester.

Emblematico è il suo percorso intellettuale, che lo conduce dallo studio delle scienze chimiche e fisiche a quello delle scienze umane.

In ciò va il suo più grande merito: il suo punto di vista fa nascere una riflessione interna alle scienze stesse, a limite di metterne in discussione alcuni paradigmi fino a quel momento intoccabili.

Ad egli si deve la "tematizzazione della componente personale e tacita", insita in ogni conoscenza scientifica, che conduce ad una nuova concezione della figura dello scienziato e che passa da individuo impersonale e imparziale a persona condizionata dalle innumerevoli sfaccettature del proprio vissuto umano.

"La scienza funziona per l'abilità dello scienziato ed è attraverso l'esercizio di quest'abilità che egli modella la sua conoscenza scientifica. Perciò, noi possiamo cogliere la natura della personale partecipazione dello scienziato, esaminando la struttura delle abilità", leggiamo da uno dei suoi scritti.

Nel suo sforzo di riconciliare la scienza con la persona, il suo più grande valore fu quello di non aver mai esaltato né l'una o né l'altra delle due sfere (la verità oggettiva e scientifica e la soggettività della persona), considerandole, nella loro complementarità, come parti di un tutt'uno che va poi a comporre la conoscenza.

Alla luce dei nostri giorni, dove, come detto, le informazioni sono a portata di mano per chiunque, ovunque e quantunque.

Possiamo immaginare che, se adesso basta estrarre dalla tasca uno smartphone e, con un paio di movimenti delle dita, venire a conoscenza di ciò che vogliamo (salvo poi lo scoprire che si tratti di un falso), nel giro di pochi anni, non sarà necessario neppure questo: i supporti saranno ancora più immediati da gestire o integrati all'interno della persona, fisicamente.

I ricercatori dell'HRL Laboratories, con sede in California, affermano di aver sviluppato un simulatore in grado d'integrare direttamente le informazioni all'interno del cervello, senza l'utilizzo di altri driver.

Questo potrebbe portare alla creazione di sistemi molto avanzati capaci di soppiantare le attuali modalità di apprendimento, prospettiva fino a ieri animata solo dalla fervida immaginazione di narratori futuristici. Oggi, invece, è già più concretamente concepibile da ognuno di noi e domani, probabilmente, sarà facilmente realizzabile.

Lo studio, pubblicato su *Frontiers in Human Neuroscience*, è stato ottenuto attraverso l'analisi degli impulsi celebrali di un pilota esperto e l'implementazione delle informazioni ricevute (tramite stimolazione transcranica) in individui neofiti che stavano imparando a pilotare un aereo tramite simulatore di volo.

Inoltre, ha mostrato che tali individui hanno aumentato le proprie capacità di pilotaggio: il 33% meglio di chi tale stimolazione non l'aveva ricevuta. Non è una scena di Matrix, ma semplicemente: sperimentazione.

Basta questo singolo esempio per comprendere che, come detto poc'anzi, la conoscenza, intesa come magazzino di nozioni, ma anche come capacità di reperimento di nozioni, va radicalmente ripensata, consegnando al suddetto termine un'accezione più orientata alla sfera delle "abilità": *abilità di scomporre, ricomporre e tradurre in forme diverse di realtà le nozioni stesse.* La conoscenza e le abilità si spostano, dunque, sempre più da un livello conscio e basato sull'esterno ad uno inconscio e fondato sull'Io dell'individuo.

Per andare al famoso iceberg di Freud, l'analisi si sposta dalla parte emersa a quella sommersa, da quella piccola percentuale di noi stessi che è costituita dalla sfera razionale a quella ben più grande, che è la parte inconscia e che è la principale responsabile di ciò che noi siamo veramente.

È qui che entrano in gioco le cosiddette *soft skills*: le meta capacità, quelle competenze trasversali che, a parità di conoscenza nozionistica, decretano il successo o l'insuccesso di ogni individuo.

Il *World Economic Forum* ha stilato la classifica delle *soft skills* necessarie per l'inserimento nel mondo del lavoro, ma comunque applicabili alla vita quotidiana, nel prossimo futuro. Esse sono:

1) Problem solving.

2) Pensiero critico.

3) Creatività.

4) Gestione delle persone.

5) Coordinamento con gli altri.

6) Intelligenza emotiva.

7) Capacità di giudizio e di prendere decisioni.

8) Orientamento al servizio.

9) Negoziazione.

10) Flessibilità.

È opportuno sottolineare che alcune di queste competenze sono state inserite nell'elenco che, già nel 1993, l'Organizzazione Mondiale della Sanità aveva definito come le "competenze per la vita" (le c.d. *life skills*). Il problema è che, soprattutto in Italia, ma un po' ovunque, tali abilità non sono ancora curate e sviluppate in maniera adeguata nel sistema scolastico, lasciandoci privi di capacità che sono fondamentali per il benessere personale e sociale.

Il *World Economic Forum* ha, dunque, pur non apportando novità in tal senso, posto l'attenzione sull'importanza dello sviluppo delle caratteristiche legate alla persona più che quelle legate agli aspetti tecnici e nozionistici.

Compatibilmente con il filo della discussione che seguito in questo piccolo lavoro, andiamo ad analizzare, con brevi cenni alle altre, una in particolare di queste skills, l'intelligenza emotiva.

3.2 Breve viaggio nelle emozioni

"Innanzitutto, l'emozione.
Soltanto dopo la comprensione".

Paul Gauguin

Man mano che il futuro (quello che oggi stiamo immaginando) si fa presente, come abbiamo visto, l'intelligenza razionale si fa sempre più artificiale e robotica, con esempi pratici che sono già tra le nostre mani e che stanno trasformando i nostri paradigmi e il nostro modo di essere al mondo. Le nostre attività quotidiane, i nostri lavori più semplici e manuali, saranno, molto presto, completamente spazzati via dallo spettro delle normali attività umane e sostituite in toto (o quasi) dalle macchine.

A ben pensare, non solo le attività totalmente routinarie, ma anche quelle che, ad oggi, hanno un qualche grado di complessità: non sarà più necessario saper guidare un'auto, essa lo farà da sola; non sarà più necessario avere il pensiero di avviare un elettrodomestico, esso saprà benissimo cosa e quando farlo e potremmo fare mille altri esempi.

Ma, d'altronde, è così anche oggi rispetto al passato: non è necessario sapere quali sono i processi all'interno di uno smartphone, ci basta semplicemente cliccare un tasto... o addirittura dargli solo un comando vocale, ed esso agisce.

Ciò significa che l'uomo sarà condotto su attività sempre più complesse e articolate, che richiederanno sempre maggiore capacità e preparazione, su un gradino più alto della scala evolutiva.

In questo stato, di fatto, diventa difficile poter pensare di riuscire a competere con le macchine in termini di competenza nozionistica e di soluzioni logiche. I robot saranno sempre più ricchi d'informazioni di quanto un cervello umano ne potrà contenere e programmati ad avere risposte sempre più corrette e istantanee rispetto a quanto un cervello umano potrà fare. Inoltre, saranno sempre manualmente più precisi rispetto a quanto lo potrà essere una mano umana (si pensi, già oggi, alla chirurgia laparoscopica, alle stampanti 3D o a mille altri esempi). Avremmo, quindi, bisogno, intanto, di velocità.

Il mondo si muoverà ad una velocità diversa da quella che conosciamo oggi: tutti i processi, le modalità, le azioni avranno una immediatezza che oggi non è ancora nel nostro essere (così come la velocità di oggi è già molto più sostenuta, rispetto a quella di cinquanta o anche di vent'anni fa). Avremmo quindi bisogno di un nuovo tipo d'intelligenza.

Quest'ultima, per i motivi detti, non potrà più essere quella logico-razionale, almeno non solo; questa nuova intelligenza sarà, in realtà, la nostra intelligenza più antica, ma lo vedremo tra un attimo.

Oggi, non possiamo più, pertanto, focalizzarci sullo sviluppo dell'intelligenza razionale, ma dobbiamo spostare necessariamente il focus sull'intelligenza emotiva.

Dobbiamo immaginare (mi riconduco a Daniel Goleman, il numero 1 al mondo in questo campo, anche se il concetto è stato originariamente sviluppato dai professori Salovey e Mayer) il cervello umano diviso in due parti: una mente razionale ed una emotiva e porre l'attenzione sullo sviluppo di quest'ultima.

Da alcuni anni, si sta facendo strada questa consapevolezza.

Come ho scritto in prefazione, per ogni passo in avanti dell'uomo, sarà necessario un passo indietro, affinché "l'essere umano torni sempre più ad essere umano", come dice una famosa canzone. Sarà necessario, quindi, tornare alla nostra intelligenza primordiale, quella emotiva, e svilupparla nell'infinita potenzialità che essa ha.

La dico con una immagine, anche se è una forzatura, immagino questa trasformazione come la salita di un gradino evolutivo più in alto, che porterà l'*homo sapiens* a diventare *homo emotus*.
Ma cosa sono le emozioni?
L'emozioni sono dei processi multicomponenziali che avvengono nel nostro organismo.

Possiamo definirli dei "processi", il che significa che non sono uno stato, ma che hanno un inizio e una fine, dunque, un lasso di tempo in cui evolvono (tale lasso di tempo può essere istantaneo o durare anche alcuni minuti). Inoltre, sono multicomponenziali, ossia che sono formati da più elementi.

Se vogliamo scendere un po' più nel dettaglio, tali elementi sono: un antecedente emotigeno (interno, come ad esempio un pensiero o un ricordo, o esterno, come ad esempio un incontro o un avvenimento improvviso), una valutazione cognitiva di tale antecedente da parte dell'individuo, un'attivazione fisiologica dell'organismo (arrossamento, variazione della frequenza cardiace, ecc.), delle espressioni verbali e non verbali, la spinta all'azione e l'azione fattiva.

L'emozioni servono a regolare la nostra mente e il nostro corpo, aiutandoci a fronteggiare la complessità e a prendere le decisioni.

Dicevo prima dell'esigenza di tornare alla nostra intelligenza primordiale, quella emotiva, perché quest'ultima è quella che si è sviluppata prima nell'uomo. La struttura del nostro cervello ha visto nascere primordialmente il tronco celebrale (comune a tutte le specie dotate di un sistema nervoso sufficientemente sviluppato). Successivamente, da questa struttura primitiva sono derivati i centri emozionali (il sistema limbico) e solo dopo il cosiddetto "cervello pensante" (le aree della corteccia celebrale), in un lasso di tempo, riassunto in queste quattro righe, di svariati milioni di anni.

La mente emozionale, normalmente, è molto più veloce di quella pensante, nel senso che si passa dall'attivazione all'azione, in maniera immediata. Questo per garantire la sopravvivenza della specie, poiché ci porta a capire velocemente chi è la preda e chi il predatore, o a sterzare immediatamente, vedendo un veicolo piombarci addosso, ecc.

Inoltre, risulta più imprecisa perché vede le cose in maniera globale, semplificata e immediata, senza lasciar spazio ai dettagli; ecco perché un'emozione ci coglie e ci porta all'azione, senza aver ancora capito cosa stia succedendo.
Spesso, anche durante l'azione, ci arriva la domanda "perché lo sto facendo?".

Esiste, poi, un secondo tipo di reazione emozionale, un po' più lento di quello appena descritto: è il caso in cui la valutazione cognitiva (il nostro pensiero) precede o è simultanea all'azione, ad esempio: "questo venditore mi vuole imbrogliare", "questa ragazza è dolcissima".

C'è dunque, prima la valutazione e poi la risposta emozionale.

La mente emozionale vive di una logica associativa: immagini, suoni e, più in generale, arte, poesia, ecc., parlano direttamente alla mente emozionale; per questo, i grandi comunicatori (dai maestri spirituali della storia fino agli ultimi grandi leader) utilizzano parabole, immagini, o le nuove tecniche dello *storytelling*, per parlare direttamente al cuore.

"Se la mente emozionale segue questa logica e le sue regole, nella quale un elemento sta al posto di un altro, per essa non è necessario che le cose vengano definite nella loro identità oggettiva: ciò che conta è come vengono *percepite*, le cose sono ciò che appaiono! Quel che una cosa ci fa ricordare può essere molto più importante di quel che essa è. Nella vita emozionale le identità possono essere come un ologramma, nel senso che una singola parte evoca l'intero. Come sottolinea Seymour Epstein, mentre la mente razionale istituisce le connessioni logiche tra causa ed effetto, la mente emozionale è indiscriminata e collega le cose semplicemente in base ad aspetti superficialmente simili."

Detto questo, da parte di Daniel Goleman, nel suo libro *Intelligenza Emotiva*, possiamo iniziare a tirare le prime conclusioni sul legame che abbiamo con l'ignoranza funzionale, su come essa vive nel gioco delle percezioni che siamo indotti ad assorbire involontariamente o, talvolta, volontariamente da parte della sapiente mano di qualcuno che ne possa trarre beneficio (abbiamo già detto in merito all'arte della creazione volontaria di ignoranza).

Appare ormai chiara l'importanza della nostra mente emozionale, e del fatto che, probabilmente, dovremmo iniziare a prendercene cura in maniera consapevole.

Per questa serie di ragioni, la gestione delle proprie e delle altrui emozioni (appunto l'intelligenza emotiva) è una o *la* skill fondamentale del futuro.

3.3 Intelligenza o intelligenze?

> *"Non vi è intelligenza senza emozione.*
> *Ci può essere emozione senza molta intelligenza,*
> *ma è cosa che non ci riguarda".*

Ezra Pound

Siamo figli di una società che, per decenni e decenni, ha imbrigliato le proprie potenzialità nelle maglie della logica stringente del Q.I. (Quoziente Intellettivo) e di altre scale di valutazione delle abilità logico-matematiche e linguistico-verbali, marchiando le persone in "intelligenti" o "poco intelligenti", a seconda dei punteggi ottenuti all'interno di tali scale, e considerandole le sole forme di intelligenza esistente.

Da anni, ormai, diversi studi ci dicono che queste abilità, molto importanti, sono solo uno dei fattori (tra l'altro non il principale) per avere successo nella vita, ma ne esistono molti altri.

Ora, ripeto, non è questo un Trattato di psicologia ma, solo per capirci, è utile quantomeno citare il modello delle intelligenze multiple di Howard Gardner.

Egli, in aggiunta alle due abilità appena scritte, ne inserisce altre cinque (siamo nel 1983) che sono: l'intelligenza spaziale (capace di valutare gli spazi ampi o ristretti, come quella di un pilota, di un'astronauta, di un architetto o di uno scultore), l'intelligenza interpersonale o sociale (capace di comprendere le persone e di gestire rapporti, come quella di un politico o di un diplomatico).
E ancora, l'intelligenza intrapersonale o introspettiva (capace di comprendere se stessi e come raggiungere risultati, come quella di un creativo o di un imprenditore), l'intelligenza corporeo-cinestetica (capace di governare al meglio il proprio corpo nello spazio, come quella di un atleta o di un attore) e l'intelligenza musicale.

Successivamente, lo stesso Gardner inserisce nella sua lista altre due intelligenze: l'intelligenza naturalistica (capace di riconoscere oggetti naturali, come quella di uno speleologo o di un ornitologo) e l'intelligenza esistenziale (capace dei grandi ragionamenti astratti, come quella di un filosofo o di un teologo).

In contrasto con la logica del Q.I., il modello delle intelligenze multiple (Gardner stesso afferma che il "sette" è un numero arbitrario; le intelligenze sono, in realtà, più numerose) mette in luce un'ampia gamma di capacità utili alla vita dell'essere umano, molto più di quanto possa essere il concetto di Q.I. che ha deciso fino a quel momento il destino di parecchi individui e che appare ormai superato e molto limitativo.

Diversi anni dopo, nel 2007, Gardner, propone una nuova classificazione, alternativa alla precedente, così enunciata: intelligenza disciplinare, intelligenza sintetica, intelligenza creativa, intelligenza rispettosa e intelligenza etica.

In questa nuova classificazione, l'autore dichiara di aver preso in esame diverse tipologie di intelligenze: dall'intelligenza tecnologica a quella digitale, dall'intelligenza mercantile a quella democratica, dall'intelligenza flessibile a quella emotiva, dall'intelligenza strategica a quella spirituale, analizzandole rispetto a quelle che sono le qualità utili ed essenziali nell'età moderna.

Tutto questo per comprendere il fatto che non si può parlare di un unico tipo di intelligenza, ma questa concezione multiforme delle intelligenze apre gli occhi su una molteplicità di sfaccettature riguardo al potenziale di successo di un individuo.

Tuttavia, questo modello è basato ancora fortemente sull'aspetto cognitivo della mente umana, dato anche il periodo storico in cui si è sviluppato. Ciononostante, Gardner, successivamente, affermerà che, in realtà, soprattutto a riguardo dell'intelligenza intrapersonale e interpersonale, si riferiva all'emozioni.

Altri studiosi, successivamente, hanno indagato sull'ambito delle emozioni. In particolare, Salovey (come detto, il primo a parlare di "intelligenza emotiva") inserisce le intelligenze di Gardner all'interno di cinque abilità essenziali: la conoscenza delle proprie emozioni, il controllo dell'emozioni, l'auto motivazione, il riconoscimento dell'emozioni altrui e la gestione delle relazioni, e dopo Goleman.

Ognuno di noi è dotato di intelligenza cognitiva e di intelligenza emotiva, che si miscelano in vario modo in ogni individuo. Tra le due, la seconda è quella più utile per affrontare l'esistenza.

3.4 Un nuovo modello: il *funnel* della conoscenza

"Ci vuole qualcosa in più che l'intelligenza
per agire in modo intelligente".

Fëdor Dostoevskij

A questo punto, andando a pescare in una delle discipline a me più congeniali per passione e per formazione, il marketing, provo a mutuare un modello tanto in voga ultimamente, quello del *funnel*, per far confluire in esso quelle che sono le principali riflessioni finora fatte e tirare le fila del discorso. Che cos'è un *funnel*? Un imbuto. La sua traduzione è proprio questa: imbuto.

È un modello entrato, ormai, nell'uso comune in materia di vendite e di marketing, per descrivere, analizzare o strutturare il percorso d'acquisto di un prodotto o servizio da parte di un consumatore che, da ignaro dell'esistenza di tale prodotto/servizio, arriva all'acquisto dello stesso. Nel web marketing, in particolar modo, questo strumento prende il nome di *"funnel* di conversione", proprio per la sua funzione di conversione del cliente, attraverso degli step sequenziali.

Tali step sono, appunto: la consapevolezza dell'esistenza di quel determinato brand o prodotto o servizio; l'interesse verso lo stesso attraverso la comprensione delle sue qualità, il confronto tra i prezzi, ecc.; la decisione all'acquisto e la vera e propria azione materiale.

Se vogliamo andare più in profondità, c'è anche la fase del post-vendita che mira alla fidelizzazione del cliente.

Proviamo ad applicare questo modello a tutto il discorso fin qui sviluppato e immaginiamo qualcosa di questo tipo, che possiamo definire *"funnel* della conoscenza"*, andando ad approfondire ciascuno degli step:

a)   Consapevolezza

Consapevolezza è stata la parola chiave del 2018 e… un motivo ci sarà.

La consapevolezza è la base fondamentale per intraprendere un processo di miglioramento della propria esistenza (l'abbiamo detto nel primo capitolo), sia dal punto di vista personale che professionale.

La consapevolezza applicata al discorso che stiamo sviluppando è "la percezione di sé a livello obbiettivo", afferma Livio Sgarbi. La mancanza di consapevolezza è un freno enorme alla crescita.

Come abbiamo visto nella prima parte del testo parlando dell'Effetto Dunning-Kruger e della Sindrome dell'Impostore, la consapevolezza è la prima arma per tirarci fuori da condizioni di ignoranza molto forti e assolutamente bloccanti, da un estremo o dall'altro, della linea che abbiamo immaginato per la nostra vita.

A livello emozionale vale la stessa cosa.

La mancanza di consapevolezza distorce la percezione di se stessi nel contesto in cui ci si trova e conduce ad errate valutazioni: un ragazzo al bancone di un bar, mentre passano due ragazze che, ridendo, lo guardano e proseguono, se ha bassa autostima, dovuta ad un'errata consapevolezza di sé, sarà portato a pensare che le ragazze, avendolo visto, stanno ridendo di lui ed inizierà a mettere in moto una serie di pensieri che contribuiranno ad abbassare ancora di più la sua autostima (magari sono brutto, sono grasso, sono vestito male, ecc.).

Al contrario, se ha un'eccessiva autostima, dovuta sempre ad un'errata consapevolezza, inizierà, invece, a pensare che le ragazze stanno ridendo perché lo hanno trovato interessante, bello e hanno fatto delle battutine piacevoli su di lui, arrivando anche in questo caso (ma in senso opposto) ad errate percezioni della realtà.

Un ragazzo con una buona consapevolezza di sé, magari, penserà che le ragazze stanno semplicemente ridendo per fatti loro e, anche se avessero fatto una battuta su di lui, questa potrebbe essere carina o meno e potrebbe essere interessante sentirla per farsi anche lui una risata autoironica o, comunque, non fregarsene nulla.

La consapevolezza crea sicurezza: allontana da pensieri autodistruttivi (in senso sottovalutante o sopravalutante), conferisce buona capacità di autogestione in ogni contesto e attiva meccanismi che conducono a modalità di pensiero corretto e coerente. La consapevolezza è la capacità, dunque, di vedere la realtà per quella che è, guardando non solo ai lati negativi o positivi, ma ad entrambi.

È il primo step per poter effettuare un cambiamento perché, se non si percepisce la realtà, come si può pensare di cambiarla?

La consapevolezza è la prima delle competenze emotive e, come detto, si può (e si deve) allenare perché è condizione necessaria (ma non sufficiente) per migliorare la nostra vita. La consapevolezza è figlia dell'ascolto.

L'ascolto è la capacità fondamentale da esercitare e potenziare per giungere a una completa consapevolezza di quello che è il proprio "stato di fatto", dei propri punti di forza e di debolezza.

Ascolto di se stessi e ascolto dell'altro.

Impara ad ascoltarti. Il tuo corpo è il veicolo che ti è stato dato in dotazione per percorrere questa vita, è in continua comunicazione con te, ti dice continuamente delle cose, ascoltalo.

Viviamo la maggior parte del nostro tempo lontani dal luogo in cui siamo, camminiamo senza sentire i nostri piedi, guidiamo senza renderci conto di dei nostri gesti, ascoltiamo musica completamente presi da altre attività, in totale assenza da dove fisicamente ci troviamo; poi, ogni tanto, torniamo di colpo nella realtà.

È come un piccolissimo risveglio: ecco, questo è il collegamento con la consapevolezza, il ritorno a percepire la realtà per com'è. Funziona così anche per le malattie: il nostro corpo c'invia segnali da subito, piccoli segnali continui e costanti che non ascoltiamo, fino a quanto non superano i limiti della nostra assenza ed è forse troppo tardi.

Ascolta le tue emozioni, quei piccoli segnali di disagio in determinate circostanze, o di piacere. Ascolta te stesso, la tua parte fisica ed emotiva, è solo così che potrai imparare a conoscerti davvero, ad essere autoconsapevole. Se ci pensi bene, la persona in assoluto che conosci di meno sei propri tu. Siamo abituati a guardarci con tutti i filtri che ci fanno apparire a noi stessi come pensiamo di essere, non come realmente siamo.

Prova a chiederti chi sei, spogliandoti di tutti i tuoi vestiti. Ecco, è importante cercare di capire questo: essere autoconsapevoli se si vuole migliorare, è questa la base di partenza. Fai degli esercizi, per esempio fermati e cerca di avvertire tutto ciò che c'è intorno a te in questo momento, a partire dai tuoi piedi, dito per dito, la comodità delle scarpe, il livello del suolo, la temperatura.

Poi prosegui, dalla ruvidità di ciò che hai per le mani, dall'odore dell'aria, dai rumori che ci sono, ecc.

Fai quest'esercizio quattro o cinque volte al giorno. Prova poi ad avvertire le tue emozioni in diverse situazioni. Cosa senti? Disagio, paura, rabbia, piacere, malinconia, gioia; prova a registrare la frequenza del tuo respiro, la velocità dei battiti cardiaci, la temperatura della pelle.

Fai anche questo esercizio più volte al giorno, soprattutto quando capitano situazioni nuove o particolari. Prendi nota di tutto questo, usa un'agenda o un diario. Vedrai che inizierai a capire molte più cose di te di quante ne conosci oggi. Ascolta il tuo corpo e rispettalo, ha delle esigenze, non negargliele, non andare contro quella che è la tua vera natura, creando un falso di te, che ne è, poi, la brutta copia.

Ascolta gli altri. È indispensabile anche questo per comprenderti e ridefinirti. Non mi riferisco all'ascolto superficiale, ma a quello che viene definito "ascolto attivo", cioè la capacità di concentrarsi sulla comunicazione dell'altro senza formulare giudizi e, contemporaneamente, sulla propria comunicazione.

L'ascolto attivo pone, dunque, forte attenzione sulla comunicazione verbale e non verbale dell'altro e applica il forte esercizio della "sospensione del giudizio".
Allo stesso tempo, pone attenzione ai feedback che scaturiscono da se stesso e vanno verso l'altro e a come questi messaggi modificano la comunicazione dell'altro.

L'ascoltatore mette in atto, quasi simultaneamente, i processi di ricezione del messaggio, l'elaborazione dello stesso, l'invio di risposta e l'analisi dell'effetto della risposta, il tutto senza esprimere giudizi.
L'ascolto, attività molto complessa, preziosa e rara, crea la capacità di una più corretta percezione della realtà, degli altri e di se stessi; crea relazioni solide e sane tra le persone; crea ricchezza materiale, poiché quest'ultima è funzione diretta delle relazioni che ognuno di noi ha.

Crea, in una sola parola, consapevolezza, il primo passo verso il cambiamento e il miglioramento di se stessi e del contesto in cui ci si trova (famiglia, lavoro, sociale).

b)   Interesse

Il passo successivo a quello della consapevolezza, seguendo questo modello, è quello dell'interesse e dello sviluppo dello stesso.

Siamo già in un anello più stretto del *funnel*, quindi a un livello di miglioramento più avanzato.

L'interesse è un elemento motivazionale che porta alla predisposizione o direttamente a uno stato di attenzione molto forte verso un particolare insieme d'idee, eventi o cose.

Si distingue solitamente tra "interesse personale" e "interesse situazionale", intendendo: per il primo, un interesse di lungo periodo che caratterizza una parte importante della vita di una persona (l'interesse per la musica, per la letteratura); per il secondo, un interesse dipendente dal contesto (l'interesse per un personaggio di un film, per un luminare durante un corso).

Interesse è "guardare il mondo con occhi spalancati", come afferma Edith Stein. La sua etimologia ci dice che deriva dal latino "interesse", cioè "stare tra", avere la capacità di sezionare le cose del mondo, mettersi dentro per guardarle bene, evitando di scivolarci semplicemente sopra e toccarle in maniera superficiale.

Interesse è aprirsi: aprirsi al mondo, aprirsi agli altri, intellettualmente ed emotivamente, trascendendo il proprio ego, in maniera veramente libera.

L'interesse, dunque, crea l'apprendimento. Ciò è stato comprovato nelle neuroscienze, poiché quando la curiosità e l'interesse sono stimolati, aumenta l'attività nei circuiti celebrali della ricompensa, nell'ippocampo, che è il responsabile della formazione dei nuovi ricordi e nelle connessioni tra i circuiti della ricompensa e l'ippocampo.

Tutto questo mette il cervello nella condizione di apprendere un elevato numero d'informazioni, anche quelle che, al momento, non sembrano così rilevanti, come sostiene Charan Ranganath. L'apprendimento può essere conscio o inconscio e può provenire dall'esterno o da dentro se stessi. Individuiamo, così, quattro macro-classi di apprendimento:

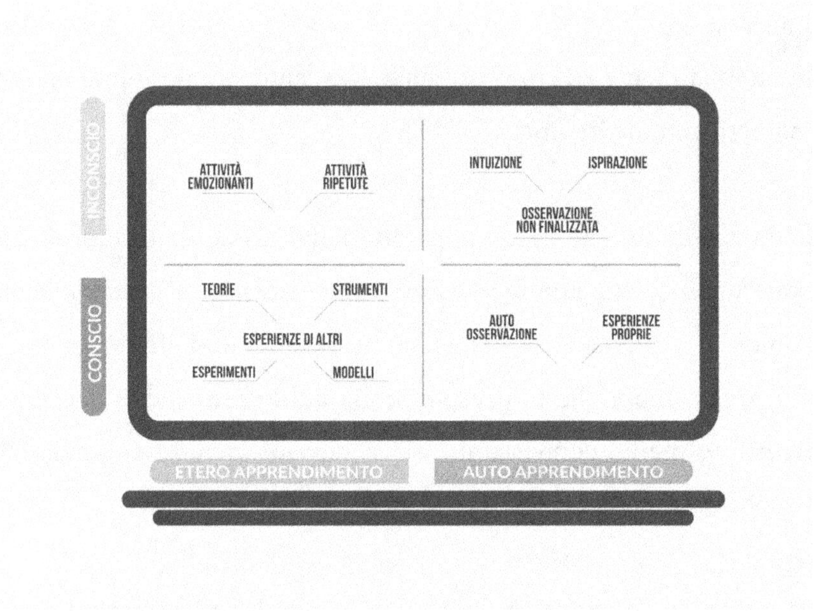

- L'etero-apprendimento conscio è la forma più esplicita di apprendimento e la più usata, soprattutto nel nostro sistema scolastico. È anche la forma più superficiale di apprendimento ed è quella a cui tutti immediatamente pensiamo quando si cita la parola "studio". È, infatti, quella forma di apprendimento che si ottiene dai modelli, dalle teorie, dagli esperimenti e, più in generale, dall'esperienze di altri, che vengono studiate ed assimilate per arricchire il proprio bagaglio culturale;

• L'autoapprendimento conscio è una forma di apprendimento un po' più profonda, pur rimanendo a livello cosciente, che deriva dalle proprie esperienze e dall'osservazione di sé, finalizzata a comprendere le proprie dinamiche di vita;

• L'etero-apprendimento inconscio (spostandoci sulla sfera non razionale) è quella forma di apprendimento che deriva, in maniera non intenzionale, dalle proprie attività, sia quelle di routine che, ancor di più, quelle che producono emozioni (positive o negative) e che scrive, in maniera più marcata, sull'hard disk del nostro cervello.

• L'autoapprendimento inconscio è la forma più alta di apprendimento. Kohler parla di apprendimento per *insight*, cioè della capacità di collegare in maniera coerente elementi che, precedentemente, erano sparsi e isolati, grazie ad un'intuizione istantanea detta, appunto, *insight*. È quella forma di apprendimento che si presenta come una comprensione improvvisa, che sembra non esistere nell'ambiente esterno e che scaturisce, in maniera naturale, guardando dentro di sé, ascoltando la parte più profonda di se stessi.

Quest'ultima rappresenta la forma di apprendimento, quella che bisogna sviluppare quanto più possibile. Siamo ispirati ed intuitivi quando stiamo bene, quando abbiamo raggiunto un elevato grado di consapevolezza. Quando siamo in questo stato, riusciamo ad essere creativi, a utilizzare il cosiddetto "pensiero laterale", a trovare le soluzioni vincenti, a coinvolgere.

Un buon esercizio è quello dell'"osservazione non finalizzata". Immergiti in un luogo naturale, scogliera, campagna, qualunque esso sia, purché ci sia assoluto silenzio e, possibilmente, solitudine.

Passeggia per una mezz'oretta e osserva senza parlare, poi, al ritorno, fai lo stesso percorso e scatta una foto, una sola, della cosa che più ti ha colpito in questa passeggiata. Conserva quella foto, poi guardala dopo uno o due giorni, concentrati su di essa e chiediti: cosa c'entra questa foto con me? Vedrai che riuscirai a darti delle risposte che forse non ti aspettavi.

Il principio è quello che la nostra mente non conscia sa cogliere dei segnali che hanno a che vedere con noi, molto più di quanto noi comprendiamo, e questo diventa un modo per apprendere altre cose su noi stessi.

L'interesse e il successivo apprendimento conducono alla comprensione, che è l'elemento che ci serve per arginare l'ignoranza, sia funzionale sia emotiva.

Acquisita la consapevolezza e l'interesse (e l'apprendimento da esso scaturente), ci dotiamo delle più potenti armi di distruzione per combattere e arginare il fenomeno naturale dell'ignoranza funzionale, la quale trova "cibo" e possibilità di crescita all'interno di tutti i casi e con tutti gli strumenti che abbiamo visto nei capitoli precedenti.

Tra la linea che abbiamo immaginato congiungere l'Effetto Dunning-Kruger e la Sindrome dell'Impostore, riusciamo a trovare, di volta in volta, la collocazione ottimale, il punto di osservazione equidistante tra i due eventi, che ci permette di essere quanto più obiettivi possibile nelle valutazioni.

Così, anche dal punto di vista emotivo, la comprensione che viene generata dalla consapevolezza e dall'interesse, permette di apprendere in maniera accurata i propri sentimenti e anche di dargli un nome esatto e d'imparare a individuare quelle che sono le proprie reazioni e i propri comportamenti ricorrenti.

Siamo giunti, a questo punto dell'imbuto, ad una precisa conoscenza di noi stessi.

Dopo aver raggiunto la consapevolezza di ciò che siamo e del nostro contesto e aver sviluppato l'interesse per la comprensione e quella successiva delle nostre dinamiche interne e di quelle del contesto in cui siamo inseriti, siamo pronti a scendere nel livello successivo del *funnel*.

c)   Decisione

Il terzo cerchio dell'imbuto è la decisione.

Tutte le persone, in genere, hanno dei desideri, degli stati a cui aspirano, delle cose che vogliono realizzare, ma molte di loro non le realizzano.

Il problema è proprio questo: desiderano, aspirano, vogliono… ma non hanno deciso. Tutto qua.

La decisione è il risultato di una serie di processi cognitivi ed emozionali che conducono a una scelta tra diverse alternative (compresa quella di non decidere). La decisione è elemento imprescindibile che precede l'azione.

Il nostro cervello è in continuo processo decisionale, quasi in ogni istante: decido se andare a destra o a sinistra, se dire una cosa oppure un'altra, se guardare da una parte o dall'altra, se rispondere al telefono o meno, se spingere la porta con la mano destra o con la mano sinistra… ecc.

Talune decisioni sono così rapide che nemmeno ce ne rendiamo conto, altre, invece, sono più lunghe e richiedono processi cognitivi più complessi.

Nell'uno e nell'altro caso, è evidente come la parte emozionale giochi un ruolo determinante sulla scelta e non è necessario che essa raggiunga la soglia della consapevolezza per influenzare le nostre decisioni.

La prima decisione che ognuno di noi pone in essere è quella di "decidere come decidere", attuando una scelta implicita tra il livello di accuratezza del risultato da raggiungere e lo sforzo cognitivo ed emotivo da impiegare. La prima decisione di ognuno di noi è, dunque, solitamente, tesa ad ottenere un livello di accuratezza ottimale utilizzando il minimo sforzo possibile.

È evidente come in alcuni tipi di decisioni, come quelle del primo caso, viene data scarsa importanza all'accuratezza del risultato, a vantaggio della minimizzazione dello sforzo: se spingere la porta con la mano destra o con la mano sinistra è una decisione di cui ci importa ben poco l'accuratezza del risultato, ma ci importa molto di più risparmiare risorse mentali.

Per cui, per questo tipo di decisioni, si creano degli automatismi decisionali che permettono al nostro cervello di risparmiare risorse, per poterle dedicare a decisioni di maggiore importanza.

Per le decisioni per le quali è richiesta un'accuratezza del risultato finale molto elevata, parliamo di quelle che riteniamo importanti per la nostra vita. È naturale che lo sforzo cognitivo ed emotivo sia molto più elevato e proporzionale all'importanza della decisione stessa. È qui che non dobbiamo sbagliare. Dal punto di vista cognitivo, per quanto importante sia la decisione, è quasi impossibile che vengano prese in considerazione tutte le informazioni disponibili, ma solo una parte di esse, quelle che, in ordine, vengono ritenute le più importanti, e l'ordine di importanza viene assegnato (nemmeno a dirlo) da noi stessi.

Ecco come i due anelli precedenti dell'imbuto rivelano il loro peso. Attraverso gli strumenti della consapevolezza prima e dell'interesse (e quindi dell'apprendimento) dopo, siamo riusciti a liberarci di tutte quelle distorsioni cognitive che ci portavano ad avere informazioni errate. Siamo, perciò, capaci di avere lucida conoscenza dell'informazioni necessarie alla decisione o di saperle reperire e siamo in grado di saperle "guardare in faccia", senza quelle storture che abbiamo visto e superato.

Guardare a strumenti come Google non come la causa di un nuovo modo di stare al mondo, ma come l'effetto, fa la differenza; comprendere che un vaccino non è causa dell'autismo, fa la differenza; e così per tutto il resto. L'essere *low skilled* non fa più parte di noi e il corretto approccio cognitivo alla decisione, con i suoi conseguenti effetti, è fattore che combatte già da sé l'ignoranza funzionale.

Il ruolo dell'emozioni, poi, è imprescindibile nell'operazioni decisionali, come sostiene Damasio (1994). La loro assenza provocherebbe pericolosi malfunzionamenti.

Esse sono parte del nostro sistema regolatore e ci assistono nel valutare l'impatto che le nostre decisioni avranno su di noi e sugli altri. Quando vengono escluse, prendiamo decisioni pericolose: si pensi ad un poliziotto durante una sparatoria che si disconnette totalmente dalla paura, rischia sicuramente di prendere decisioni poco caute e di farsi ammazzare; o a un dirigente d'azienda che sappia ignorare perfettamente l'emozioni derivanti da scelte non etiche, porterebbe certamente alla distruzione dell'azienda o a mettere sulla strada molti dipendenti.

Essere incapaci di riconoscere e gestire il complesso emotivo sottostante una decisione ci porta a puntare sulla sopravvivenza spicciola, a prediligere l'aspetto della sicurezza in quella decisione, vale a dire a decidere di fare quello che abbiamo sempre fatto, o qualcosa di molto vicino a quello che abbiamo sempre fatto. Tendiamo ad essere, quindi, poco creativi, a non guardare fuori dagli schemi, a non percorrere strade nuove, soluzioni innovative, che potrebbero costituire svolte importanti per la nostra vita.
Finiamo nella "ruota del criceto"; è un loop molto pericoloso, da cui è poi difficile tirarsi fuori.

Basta guardarsi intorno: ovunque, possiamo scorgere persone cadute in questa dinamica vecchia come il mondo, che cercano di superare sempre gli stessi problemi, adottando sempre le stesse soluzioni… chiaramente, con gli stessi risultati.

Molte volte, siamo di fronte a scelte di lungo periodo, strategiche per la nostra esistenza, che pensiamo di affrontare a mente fredda, convinti, ignorando la sfera emozionale, di giungere alla decisione più lucida possibile.

Tuttavia, non si fa caso al fatto che: primo, come detto, ignorare le emozioni può portarci a decisioni pericolose; secondo, che esiste una serie di emozioni che agisce comunque a livello inconscio e che contribuisce a definire la scelta. Il punto è che, non sapendo gestire le variabili emozionali, ci sentiamo più vulnerabili e spaventati.

Questo fa aumentare il nostro livello di stress e di ansie e, biologicamente, il nostro corpo interrompe i sistemi celebrali orientati alla sopravvivenza di lungo periodo (come il sistema immunitario, il sistema riproduttivo, ecc.) per convogliare le energie nei sistemi di sopravvivenza di breve periodo (i muscoli).

È ciò che ci succede (estremizzando) quando siamo di fronte ad un pericolo immediato ed incombente e ci prepariamo a fronteggiarlo fisicamente o a fuggire (ad esempio, ci troviamo di fronte ad un malintenzionato che vuole rapinarci).

È così che ci accingiamo a prendere decisioni importanti e di lungo periodo per noi, utilizzando i mezzi per affrontare decisioni di breve periodo, senza accedere, dunque, a nuove risorse, a nuovi schemi.

Utilizziamo semplicemente quello che abbiamo al momento e ciò ci rende ancora più deboli e pone le basi affinché quelle scelte infelici ne producano altre in futuro, con lo stesso meccanismo, rendendoci perdenti. Quello che abbiamo visto e compreso nei due anelli precedenti dell'imbuto evita, o quantomeno riduce, tutto ciò.

La consapevolezza e l'interesse che ci portano alla conoscenza di noi stessi, sono gli strumenti che ci aprono gli occhi verso l'interno, che ci rendono capaci di leggere le nostre emozioni, di accettarle, di dar loro il giusto rilievo, insieme alla parte cognitiva, nella presa delle decisioni, in particolar modo, nelle decisioni strategiche per la nostra vita.

Ci permettono di pianificare i nostri orizzonti, le nostre mete, i nostri obiettivi (in qualsiasi modo vogliamo chiamarli), gli stati di fatto ideali in cui vorremmo portarci. Ci permettono di decidere, che non significa solo volere, ma predisporre gli "utensili" teorici e pratici, volti al raggiungimento di quegli stati di fatto.

Il primo di questi utensili è la chiara esplicitazione dei nostri traguardi, cioè la definizione esatta e temporizzata degli stati di fatto che vogliamo raggiungere, fatta in forma scritta, non solo pensata. "Un obiettivo è un sogno con una data di scadenza", come diceva Steve Smith.

Quindi, prendi carta e penna e fai un elenco dettagliato di come vorresti… anzi, no, di come vorresti essere tra tre, cinque e dieci anni, ossia: l'indicazione specifica di cosa avrai raggiunto tra tre, cinque e dieci anni, ma davvero specifica, indicando anche luoghi, forme, colori, ecc.; come vorresti che le cose (quelle importanti per te) siano e, quando parlo di cose importanti, parlo di "obiettivi fine", non di "obiettivi mezzo": ad esempio, la serenità è un obiettivo fine, il denaro è un obiettivo mezzo per essere sereni.

Tutti questi obiettivi intermedi (tre, cinque e dieci anni) devono essere ancorati a quello che è lo *scopo reale* della tua esistenza, cioè alla definizione che tu hai di te stesso, in merito a quello che è il contributo che la tua vita vuole dare al mondo.

Che non significa, necessariamente, voler essere lo scienziato che sconfigge la malattia del secolo, ma può benissimo essere: un padre esemplare che contribuisce al benessere dell'umanità insegnando, come modello, ai propri figli il rispetto per la diversità o per l'ambiente. Tale definizione dobbiamo averla molto ben chiara in mente.

Ma per questo esistono tantissimi libri di coaching, questo non lo è, perché ha semplicemente l'obiettivo (per restare in tema) di migliorare gli schemi di pensiero. Però, la definizione di noi stessi nel futuro è un'attività indispensabile: con la scrittura di questo strumento, avremmo *deciso* e, quando prendiamo una decisione, il nostro cervello accede automaticamente a tutte le possibili risorse necessarie a raggiungere il traguardo.

Decidere, dunque, lo possiamo declinare come: valutare, gestire e trasformare in risorse strategiche le proprie conoscenze e le proprie emozioni.

Tali risorse strategiche occorre poi utilizzarle per orientare la propria vita (e le singole scelte) con fiducia ed entusiasmo, verso i traguardi desiderati, all'interno dello scopo superiore della nostra esistenza, senza badare troppo alle variabili esterne.

d)   Azione

Eccoci. Il collo dell'imbuto: tradurre, in pratica, trasformare in azioni concrete il nostro viaggio nei gironi di questo vortice.

Alla fine di tutto, ricordiamoci sempre che siamo quello che facciamo, non quello che pensiamo di fare; da questa verità non si sfugge.

Nonostante ciò, per la maggior parte delle persone e la maggior parte delle volte, quello che viene meno è proprio quest'ultimo indispensabile tassello. L'azione. L'azione è movimento, è trasformazione di energia in risultato concreto.

Ma perché molte volte non agiamo? Potrei elencare mille sotto-fattori, ma la realtà è che la maggior parte delle volte per cui non agiamo è perché stiamo aspettando di essere pronti per agire.

L'azione "perfettamente strutturata, completa e senza rischi è quella che ci ferma", è semplicemente l'inganno che facciamo a noi stessi per tenere a bada i nostri mostri, quali la paura, l'incertezza, il giudizio. Questo tipo di azione non esiste nella realtà, è puramente illusoria ed è il nostro principale meccanismo bloccante.

"Agisci" è l'imperativo, la precondizione per il successo, la quale precede "agisci bene". Intanto agisci, poi correggerai il tiro, qualora fosse necessario.

L'azione, in se per se, aumenta la motivazione e la focalizzazione, e fa accedere, in maniera scalare, alle risorse necessarie per raggiungere gli obiettivi.

Pensa alle azioni di successo della tua vita: se non avessi aperto quel piccolo negozio, non saresti il proprietario di una catena in franchising; se non avessi dato il primo esame, dritto o storto, non avresti una laurea; se non avessi acquistato quel piccolo appartamento, non avresti, oggi, una villa; se non avessi risposto a quell'annuncio, non avresti questo lavoro.

Attenzione, con questo, non voglio dire di andare allo sbaraglio nella vita. L'atto di pianificazione e di corretta ponderazione resta imprescindibile per alcuni tipi di azione ed è la prassi corretta; cosa diversa è, invece, l'incagliarsi nel cercare di definire ogni dettaglio o pensare ad ogni aspetto, cercando di rendere nullo il rischio.

Per quanto vorremmo, non ne potremmo essere capaci, data la molteplicità dei fattori che entrano in gioco, rallentandoci nel cercare di predeterminare l'azione perfetta che, nella realtà, appunto, non esiste.

Svolgendo regolarmente tutta la parte precedente del *funnel*, acquisiamo i meccanismi giusti per giungere ad una corretta azione, non all'azione universalmente migliore, ma a quella migliore (date le nostre caratteristiche) in quelle determinate condizioni di contesto.

Avremo la giusta cognizione sia di noi che della parte di mondo esterno, utile a farci agire nel migliore dei modi. Avremo acquisito le corrette meccaniche di pensiero per essere tranquilli nella gestione del nostro fare.

Ci sono ancora due elementi da tener conto, affinché il nostro agire sia di successo, che, in realtà, sono dei prerequisiti e andrebbero collocati in parti precedenti del *funnel,* poiché attengono comunque alla sfera dell'essere, ma che ho voluto collocare in fondo, analizzandoli come criteri guida del nostro agire.

Il primo tra questi è l'etica.

Non esiste azione che possa portare al successo (in ottica di quello che è il nostro scopo reale) che non sia sorretta dall'etica: dietro ogni fallimento, c'è un problema di etica, dietro ogni famiglia che si sgretola c'è un problema di etica, dietro ogni azienda che tracolla c'è un problema di etica, dietro ogni cattiva riuscita di un progetto di vita c'è un problema di etica.

Certo, ci sono azioni non etiche che sembrano portare dei vantaggi, ma sono solo dei vantaggi immediati che, alla lunga, si trasformeranno in problemi.

L'etica è un concetto di filosofia che attiene al comportamento (per questo la espongo in questa parte del *funnel*), ma che è sorretta da un insieme di valori di fondo.

Alcuni di questi sono valori universali, largamente accettati da tutti, altri, invece, sono più personali e dipendono da noi stessi, dal contesto in cui l'etica si pone a basamento (ad esempio, etica professionale, familiare, ecc.) e dagli accordi (espliciti, ma anche impliciti) che legano le persone coinvolte.

Brian Tracy sostiene che esiste una diretta relazione tra l'etica e l'autostima, tra il livello di verità ed integrità personale e la fiducia in se stessi, tale che "più vivi in base ai tuoi valori, più ti senti meglio e felice riguardo a te stesso, non importa cosa può succederti".
L'autostima (il fattore motivazionale per eccellenza) dunque, dipende fortemente dall'etica.

È difficile che qualcuno possa riuscire a realizzare i suoi obiettivi con una scarsa stima di se stesso ed è altrettanto impossibile che qualcuno possa avere buona stima di se stesso, se non è guidato da una eccellente condotta etica. Tutti noi nasciamo con il massimo dell'integrità personale, poi, nel corso della vita, (iniziando da bambini) nel nostro essere umani, piano piano, ci capita di commettere qualche piccola azione non proprio "bella".

Siccome non riusciremmo a vivere con il peso (anche piccolo) di aver fatto qualcosa di contrario a ciò che siamo, ai nostri valori, iniziamo ad autogiustificare quell'azione, ritenendola, in fondo, non così grave, anzi, normale.

Quelle giustificazioni, poi, arrivano a materializzarsi: se dico di non aver studiato perché non ho avuto tempo, man mano inizierò davvero a non avere tempo, a indaffararmi con varie cose, perché "ho bisogno di non avere tempo", per giustificare ciò che non voglio o non riesco a fare.

Dunque, uno degli effetti dell'azione non etica è di alterare l'ambiente che ci circonda, a causa del nostro bisogno di vederlo così.

Inoltre, se ho commesso un'azione non etica nei tuoi confronti, la mia capacità di avere influenza su di te sarà molto bassa, perché per influenzarti ho bisogno di essere concentrato su di te, quindi essere empatico. Ma, se ho da nasconderti qualcosa, la mia concentrazione andrà su di me, sull'attenzione a non dire o fare nulla per farmi scoprire.

Dunque, la mancanza di etica si trasforma in mancanza di empatia, anche con quanto vedremo tra un attimo e, di conseguenza, in fallimento della mia azione. Per completare l'opera, poi, in presenza di un'azione non etica, iniziamo ad aumentare il nostro livello di critica nei confronti di altre persone, proprio su ciò in cui siamo noi a peccare, perché abbiamo la necessità di abbassare il livello di chi ci circonda, per sentirci a posto.

Anche questo distrugge l'empatia e deteriora i rapporti con gli altri. Così facendo, ridefiniamo noi stessi verso il basso, un minuscolo gradino più giù rispetto a quello che eravamo prima.
Anche se l'azione poco bella resta sconosciuta agli altri, è, invece, ben nota alla persona più importante per noi e che ci valuta per prima: noi stessi.

Da quel gradino più basso, alla prossima azione non bella che commetteremo (che questa volta sarà sicuramente un po' più grave di quella precedente, essendoci standardizzati su un piano più basso), applicheremo lo stesso meccanismo, e così via, in una spirale degenerativa che può, potenzialmente non avere fine.

I più pericolosi criminali che ci possono venire in mente non sono diventati tali da un momento all'altro, ma attraverso un processo di questo tipo. In questo mondo, tutti noi (nessuno escluso) siamo coinvolti nella suddetta spirale.

Certo, non tutti, per fortuna, diventiamo dei criminali.

La lunghezza di questa spirale e la gravità dell'azioni non belle dipende, ancora una volta, dalla forza etica che ci contraddistingue: più siamo etici, più siamo orientati a raggiungere obiettivi e diventare persone di successo.

Quanto detto sopra, relativamente all'etica, lo spiega bene Paolo A. Ruggeri nel suo libro *L'etica dell'eccellenza*.

L'altro elemento chiave che deve caratterizzare la nostra azione, anche questo afferente alla sfera dell'essere, ma trattato qui nella dimensione del fare come criterio guida del nostro operare vincente, è l'empatia.

Etica ed empatia, come abbiamo visto già, sono strettamente correlate.

Siamo animali sociali: questo implica che nessun essere umano può raggiungere l'apice della propria realizzazione da solo. Tutti noi abbiamo bisogno dell'altro per poter non solo scalare le vette del successo, ma, più semplicemente, vivere una vita degna di essere vissuta.

Uno dei consigli più giusti che si possano dare è quello di circondarsi sempre di persone migliori di noi, che, per il principio dell'assonanza cognitiva, automaticamente miglioreranno il nostro standard esistenziale, ma il miracolo più grande che si possa mettere in atto è l'empatia.

L'empatia è sì un dono naturale, ma in ognuno di noi può trovare sviluppo se correttamente allenata, come per le altre abilità.

L'empatia è "provare le emozioni dell'altro".

L'empatia è qualcosa che connette profondamente due persone e, per essere attuata, presuppone tre qualità fondamentali:

1)   Il *riconoscimento delle emozioni altrui.*

Non potrò mai essere empatico con qualcuno, se non riesco a dare un nome e una dimensione a ciò che egli sta provando.

2)   L'*assenza di giudizio* nei confronti dell'altro.

Non potrò mai essere empatico con qualcuno, se in quel momento lo sto giudicando.

3)   L'*assunzione di prospettiva*.

Non potrò mai essere empatico con qualcuno, se resto nel mio punto di vista.

L'empatia è scendere nel baratro in cui la persona è finita e tentare insieme di risalire; non è guardare verso il basso e porgergli una bottiglia d'acqua e un panino, né tantomeno lanciargli una fune e cercare di tirarlo su, pur mettendoci tutta la forza possibile (anche questa una bella cosa, ma non è certo empatia).

Il concetto lo esprime bene una vignetta animata di Brené Brown che consiglio di guardare.

Essere empatici non è cercare di "aggiustare le cose" a chi ci sta mostrando un suo problema, con frasi del tipo: "Dai, vedrai che si risolverà…", oppure "Comunque hai una bella famiglia…", o ancora "Perlomeno, hai salvato il salvabile…".

Essere empatici è anche stare in silenzio, mettendosi in forte sintonia con l'altra persona (non è importante la parte verbale della comunicazione) o semplicemente usare frasi tipo: "Non so davvero cosa dirti, sono molto felice che tu abbia scelto me per parlarne".

L'empatia è sentire con le persone, non sentire verso le persone.

L'empatia è guardare nella stessa direzione, non guardarsi frontalmente, avere il cuore che batte allo stesso ritmo e il respiro della stessa lunghezza…

Quando si entra in profonda empatia con una persona, anche somaticamente, iniziano a presentarsi le stesse espressioni. L'empatia, però, ha un grosso prezzo da pagare: quello della vulnerabilità. Entrare in connessione con una persona presuppone, prima, l'entrare in connessione con noi stessi, con qualcosa di noi che conosce l'emozione che l'altro sta provando, magari con un nostro dolore intimo, e ciò ci rende indifesi.

Ma è l'unico modo che abbiamo per riuscire a vedere con gli occhi dell'altro.

L'empatia funziona allo stesso modo con l'emozioni positive e diventa davvero una marcia in più per trainarci verso i nostri obiettivi.

L'agire etico ed empatico fa di noi le migliori persone con cui chiunque vorrebbe avere a che fare, crea relazioni numerose e di valore, le quali si trasformano in ricchezza, valoriale e materiale, che, a sua volta, è trampolino di lancio per altra ricchezza, che, in una sola parola, possiamo chiamare: successo.

L'apice dell'agire, la sua migliore configurazione, si può trovare nel cosiddetto "stato di flusso" o *flow*, come per primo lo definì il suo teorizzatore Mihály Csíkszentmihályi, psicologo ungherese di fama internazionale. Ognuno di noi avrà sperimentato almeno una volta nella vita questa sensazione, che è assimilabile ad uno stato di trance: non esiste nient'altro che te e quello che stai facendo.

Lo stato di flusso è caratterizzato da un coinvolgimento totale nell'attività che si sta svolgendo: concentrazione massima, motivazione elevata, gratificazione massima, tutto contemporaneamente. Quando sei nello stato di flusso, ti sembra che nient'altro al mondo esista e nulla può distrarti.
L'attività che stai svolgendo fluisce meravigliosamente, portandoti in uno stato di grazia e di piacere che si alimenta automaticamente

attraverso i feedback che provengono dalla buona riuscita dell'azione stessa.

Lo stato di flusso è quello che permette ad un atleta di essere immerso in una performance straordinaria o a un pittore di dipingere un'opera d'arte splendida, o a uno scrittore di tirar fuori delle pagine bellissime.

Ma non solo: anche nella vita lavorativa quotidiana, nello studio o negli hobbies, insomma, in qualsiasi cosa ci piaccia fare, indipendentemente dai risultati, capace di portarci in questo "stato di "abbandono".

Perché si verifichi lo stato di flusso, secondo Csíkszentmihályi, è necessario l'accadere simultaneo di precise condizioni che sono:

- Obbiettivi chiari;
- Feedback immediati;
- Auto sfida non troppo forte, ma neanche troppo debole;
- Combinazione tra azione, consapevolezza e senso del tempo;
- Gratificazione e piacere.

Affinché lo stato di flusso si produca è indispensabile avere chiare le proprie mete e i sistemi di misurazione dell'andamento di ciò che stiamo facendo.

È essenziale che si produca in noi una sfida, che l'azione che stiamo compiendo non sia troppo facile, altrimenti ci annoieremo, né troppo difficile, altrimenti potremmo andare in frustrazione.

Il tempo non assume alcuna importanza, siamo presenti al 100%, ci è solo chiaro in mente il concetto del "qui ed ora" e null'altro. Durante il *flow*, l'attività che si sta svolgendo, è fortemente gratificante in sé, e non c'entrano il risultato finale, il motivo, il successo, ecc.

Il piacere deriva proprio dallo svolgimento dell'attività stessa.

Come afferma Daniel Goleman:

"Riuscire ad entrare nel flusso è la massima espressione dell'intelligenza emotiva; il flusso rappresenta forse il massimo livello di imbrigliamento e sfruttamento delle emozioni a servizio della prestazione e dell'apprendimento. Nel flusso, l'emozioni non sono solamente contenute ed incanalate, ma positive, energizzate e in armonia con il compito cui ci si sta dedicando".

E come afferma lo stesso Csíkszentmihályi:

"I momenti migliori della nostra vita non sono i tempi passivi, ricettivi, rilassanti… I momenti migliori di solito si verificano se il corpo e la mente di una persona sono spinti ai loro limiti nello sforzo volontario di realizzare qualcosa di difficile e per cui ne valga la pena".

Questa è la vera strada per il successo, inteso sempre come realizzazione dei propri sogni e delle proprie propensioni, il perseguimento della strada verso la felicità.

Il percorso (*funnel*) che abbiamo attraversato è uno strumento che serve, se opportunamente seguito, a purificare i nostri meccanismi di pensiero per condurci ad un agire sano e in linea con ciò che noi stessi veramente siamo, con la finalità di farci vivere meglio.

È una strada che va dalla consapevolezza all'interesse, fino alla decisione e all'azione, aprendoci gli occhi su quelli che possono essere gli strumenti per fronteggiare l'ignoranza di tipo funzionale ed emotivo, vera piaga del nostro tempo.

Non è uno strumento di coaching, né di formazione in senso puro, ma semplicemente uno strumento di conoscenza.

PENSIERO INCOERENTE (IGNORANZA)
CONSAPEVOLEZZA
INTERESSE
DECISIONE
AZIONE
SUCCESSO
Superamento degli effetti D/K ES.I
Apprendimento audo ed etero, conscio e inconscio
Cognitiva ed emotiva
Etica ed empatia, flow

3.5 Il *funnel* nell'educazione e nel business

"Oggi non è che un giorno qualunque

di tutti i giorni che verranno,

ma ciò che farai

in tutti i giorni che verranno

dipende da quello che farai oggi".

Ernest Hemingway

Lo strumento del *funnel* è declinabile in ogni ambito della vita umana: dalla quotidiana esistenza di ciascuno di noi, (di cui ho già detto, scorrendo i vari strati dell'imbuto) all'educazione dei nostri figli, al business.

Quanto all'educazione, mi permetto di fare timidamente solo qualche considerazione, non essendo il mio campo, derivante (sempre come detto) dall'osservazione.

- L'educazione

Per quanto fin qui sviluppato, è facile intuire come l'istituzione scolastica moderna dovrebbe essere in grado di fornire una cultura in linea con quanto richiesto da una realtà, che, con i suoi repentini cambiamenti, necessita di competenze sempre nuove e diverse, mutando continuamente i livelli di conoscenza già acquisiti.

Dovrebbe superare, dunque, il suo modello tradizionale verso un'impostazione più flessibile, rispondente al modello culturale ed economico esistente, rendendo l'alunno capace di adeguarsi ad una società che richiede doti di flessibilità, adattamento, responsabilità e tanto altro: non più insegnamento unilaterale, ma ascolto dei bisogni individuali e promozione della persona in toto.

È proprio questo il concetto centrale: la considerazione della persona nella sua integrità (non in parti di essa). Il suddetto concetto può essere allargato all'educazione in senso lato, non solo quella propria della scuola, anche se quest'ultima dovrebbe essere il riferimento principale.

Proprio su questo tema, declinato in particolar modo all'educazione sanitaria, in una delle ultime interviste di Umberto Veronesi (www.fondazioneperlascienza.ch), dal titolo *Curate l'anima per curare il corpo*, si legge "è facile togliere un tumore dal seno, ma bisogna anche toglierlo dalla mente, dal pensiero, e curare la ferita che si è creata anche a livello della psiche".

Il professor Veronesi afferma con forza la natura olistica della medicina: "il rovescio della medaglia di una conoscenza sempre più specialistica è rappresentato dal fatto che la medicina tende a dimenticare la persona, obiettivo finale di questa disciplina".

Come detto all'inizio di questo capitolo, l'OMS (l'Organizzazione Mondiale della Sanità) ha stilato, ormai già da tempo (nel 1993), una classifica contenente le abilità principali *che portano a comportamenti positivi e di adattamento.*

Questi rendono l'individuo capace (enable) di far fronte efficacemente alle richieste e alle sfide della vita di tutti i giorni.

Si tratta, più o meno, delle stesse abilità che sono poi sono state individuate e aggiornate dal *World Economic Forum* e che abbiamo visto ad inizio capitolo. Per la precisione, le 10 *life skills* originariamente individuate dall'OMS sono: consapevolezza di sé, gestione dell'emozioni, gestione dello stress, comunicazione efficace, relazioni efficaci, empatia, pensiero creativo, pensiero critico, prendere decisioni, risolvere problemi.

Chiaramente, non sono solo queste le *life skills,* ma l'elenco citato ne rappresenta il nucleo principale, che consente agli individui di operare con competenza sia sul piano individuale che su quello sociale. Nella realtà dei fatti, in Italia, diversi sono stati gli interventi legislativi volti a far sì che i dettami dell'OMS divenissero pienamente operativi nel sistema scolastico.

Ma, in concreto, al momento, nonostante molti miglioramenti, la scuola sembra non essere ancora riuscita a superare quell'impostazione tradizionale e ad abbracciare quell'importante trasformazione da "nozionificio" a sistema di costruzione globale della persona.

Probabilmente, è insensato pensare che ciò possa avvenire semplicemente per via di legge.

Come finora sostenuto, tutte le istituzioni sono ancora in mano a chi anagraficamente non ha gli strumenti mentali per poter far saltare i meccanismi che egli stesso ha creato e la società è oggi ancora bloccata in quella coesistenza tra il vecchio e il nuovo, di cui parlavo nel primo capitolo. È necessario uno sforzo sociale molto forte che, probabilmente, solo la generazione Z, quando sarà nelle posizioni dirigenziali della società, riuscirà a compiere.

La responsabilità primaria dell'educazione è in capo alle famiglie, con tutte le loro difficoltà e le forme che hanno assunto; alcune la esercitano, altre la delegano completamente al sistema scolastico (che, come abbiamo visto, ancora oggi, cerca di creare studenti brillanti, ma non persone brillanti).

Voglio (questa volta io) citare il post di un'amica che ho letto qualche giorno fa, dedicato al figlio: "Il tuo presente quanto il futuro, non è scritto in pagella. Tu non sei quel 10 o quel 7, non sarai nemmeno il 18 o il 30 all'università. La tua vita girerà intorno ai numeri, ma tu non sei, non sarai e non vali un numero. Credi in te stesso e scuoti il cuore della gente. Accetta la caduta e spicca ancora il volo".

Prima di affidare all'esterno questo compito primario che vale la qualità della vita dei nostri figli, è la nostra responsabilità genitoriale a giocare il ruolo fondamentale, rispetto a ciò che i bambini di oggi saranno domani.

Questa responsabilità non può essere estromessa dal modello di riferimento che in prima persona, noi genitori, siamo per loro e affidata a belle parole o a modelli esterni.

È qui che l'aderenza al modello del *funnel* (o a modelli similari) esplica la principale azione educativa, che rende migliori i nostri figli semplicemente rendendo migliori noi stessi.

Assolviamo la nostra primaria funzione educativa, presentandoci come il miglior modello possibile di riferimento per loro, che significa, come detto: consapevolezza di sé e dell'esterno, interesse e apprendimento costante, capacità decisionale e corretto agire, quindi, espressione di noi stessi per ciò che realmente siamo.

- Il business

Finalmente… dopo essermi avventurato per pagine e pagine in mari tempestosi e pieni di insidie, l'approdo è ormai vicino e prendo fiato percorrendo l'ultimo miglio in acque a me più conosciute: le aziende.

Se non sei un imprenditore o un manager, non temere. Anche se è il mio lavoro, non è mia volontà, in questa sede, scrivere un Trattato di gestione aziendale, ma, più semplicemente, adattare a questo mondo (in breve) i concetti del *funnel*. Ti sarà comunque utile leggerlo.

L'azienda è un organismo vivente e, come tale, soggetta anch'essa alle dinamiche appartenenti agli esseri umani, perfino con maggiore complessità, avendo, proprio negli esseri umani, il suo nucleo vitale.

Come gli esseri umani, l'azienda pensa, come per gli esseri umani, il successo o l'insuccesso dipende fondamentalmente dai meccanismi di pensiero generati dall'unicità del mix tra parte emozionale e parte cognitiva, che sottende e poi sviluppa tutto il resto dell'imbuto.

L'azienda nasce da un'emozione, da un sogno dell'imprenditore e diventa lo strumento (o uno degli strumenti) attraverso il quale egli cerca di realizzare il grande scopo della propria esistenza. Qualsiasi esso sia e qualsiasi sia l'identità dell'imprenditore, come dice Anthony Robbins, relativamente alle tre anime indispensabili, perché un'azienda sia in vita in maniera sana: l'anima artistica, imprenditoriale e manageriale, tutte e tre obbligatorie, ma non tutte e tre necessariamente presenti o sviluppate allo stesso modo in un'unica persona.

L'artista è colui che mette tutta la sua passione nel prodotto o servizio che realizza (un bravo artigiano, un bravo medico proprietario di una clinica, ecc.) ed è fortemente concentrato in quello; fosse per lui, eliminerebbe completamente la "seccatura" della parte economica e gestionale della sua attività, che è solo un mezzo per realizzare il suo scopo, cioè il suo prodotto.

L'imprenditore puro, invece, è fortemente orientato al profitto (in accezione positiva, in ottica di creazione di benessere per sé e per altri).

I prodotti o servizi che realizza sono il mezzo per raggiungere il suo scopo (ci sono molti imprenditori ricchissimi, e anche di età avanzata, che continuano a creare aziende e produrre). La creazione di profitto, in questo caso, è un gioco, una sfida ad ogni costo.

Il manager è colui che, per natura, ha la capacità di pianificare, organizzare, gestire e controllare i processi di un'azienda, è colui che prende in carico tutta la "barca" e, con maestria, la conduce verso la sua destinazione. Tutte e tre quest'anime, dicevo, devono essere presenti in un'azienda, ma non necessariamente nella stessa persona.

Ognuno di noi, nella sua complessità, è una combinazione unica, a vari gradi, di queste tre anime: c'è l'artista puro, l'artista manager, o l'imprenditore artista, e così via.

Entra nel *funnel*. La prima cosa da fare è comprendere qual è la tua natura e cercare la tua "anima mancante" in qualcun'altro che, insieme a te, possa sviluppare il sogno imprenditoriale.

Probabilmente ce l'hai già, è lì con te, ma non ci hai mai pensato, e, anche se così non dovesse essere, cerca il tuo complemento, il pezzo di puzzle che s'incastra con te, esiste di sicuro.

Nell'universo, ogni atto creativo è basato sul numero "due" e quello di un'azienda non è da meno. Assumi consapevolezza dello stato di fatto, quello interno e quello esterno, vale per te come per la tua organizzazione.

Relativamente a quest'ultima, a che stadio di realizzazione è il sogno imprenditoriale, la *vision* (e di conseguenza la *mission*) dell'azienda? In che maniera e a che livelli questo sogno è condiviso da ognuna delle persone che operano in azienda?

Come ognuno dei tuoi collaboratori riuscirà a realizzare il proprio sogno personale (se non lo conosci, hai un bel problema e molto da lavorare), realizzando quello aziendale? I sogni di ognuno dei tuoi collaboratori sono allineati con il sogno aziendale (gran parte del successo della tua impresa dipende da questo)? E i valori, lo sono? Il concetto di gruppo a che livello è radicato (uno per tutti, tutti per uno)? Qual è il grado di fiducia che ognuno ripone nell'altro e nel gruppo intero? Come pensa il tuo gruppo?

Ogni azienda e ogni organizzazione sviluppano un proprio pensiero comune, che è ancora più difficile da modificare rispetto al pensiero del singolo, per una serie di bias cognitivi (ne abbiamo visto qualcuno nel secondo capitolo).

Il comune modo di pensare della tua azienda dove si posiziona sulla linea tra l'Effetto Dunning-Krueger e la Sindrome dell'Impostore? Quali sono i livelli di ignoranza strutturale, funzionale ed emotiva su cui bisogna intervenire per ambire al successo?

Mi sono trovato in organizzazioni in cui all'interno del gruppo venivano date per vere ed assolutamente certe (e si operava come se lo fossero) delle assurdità che, a guardare dall'esterno, lasciavano a dir poco allibiti.

Ma questo, come abbiamo visto, non succede solo con le aziende. Che cifra bisognerebbe offrire a un tuo collaboratore per sottrarlo alla tua azienda? Ecco, ritengo che lo scopo di un libro che ha la presunzione di migliorare i meccanismi di pensiero non sia quello di dare risposte, ma indurre ed allenare a farsi le domande giuste.

Le risposte sarai perfettamente in grado di darle da te, esse sono molto soggettive, ma la creazione di consapevolezza attiene prevalentemente alla sfera delle domande.

E ancora: la pianificazione, l'organizzazione, la gestione e il controllo dei processi aziendali come avvengono? Che grado di strutturazione ha raggiunto l'azienda? Troppo basso o troppo alto rispetto alla dimensione e all'età dell'azienda? I ruoli e le responsabilità sono chiari a tutti? Hai contezza di quali sono i principali KPI (gli indicatori vitali) della tua azienda? Hai il loro pieno controllo? E poi ancora, verso l'esterno: qual è la reputazione della tua azienda? Com'è posizionata nelle percezioni dei clienti e dei fornitori? Del territorio in generale? Ed altro ancora.

Ecco, questo è il primo stadio. Lavora sulla consapevolezza, sei nel primo cerchio dell'imbuto. Lavora sulle domande e cerca le vere risposte. Esercitati a sviluppare consapevolezza, con le tecniche che ti ho dato e con altre che troverai, è il primo imprescindibile sforzo da cui devi partire: la più corretta e acclarata individuazione di quello che è lo stato di fatto e la sua piena accettazione, senza raccontartela, senza cercare giustificazioni. Punto. Attiva questo processo per te, personalmente e per tutta la tua organizzazione.

Fatto questo, sarai risucchiato automaticamente nel secondo anello dell'imbuto, e succederà man mano a tutto il tuo gruppo di lavoro. Con tutta la consapevolezza che avrai acquisito, si attiverà in maniera sequenziale l'interesse, l'elevazione del tuo stato di attenzione nei confronti di tutta una serie di aspetti, di dinamiche, di problemi e d'opportunità che prima non vedevi. Tutto questo creerà apprendimento; sarà lo stato che ti porterà a confrontarti, a chiedere, a studiare, ad approfondire, a migliorarti, e succederà a tutta la tua organizzazione.

Avrai attivato quei processi di apprendimento organizzativo che tanto sono importanti per la vita e lo sviluppo di ogni azienda. Consentono, secondo il modello di Argyris e Schon (padri fondatori dell'Apprendimento Organizzativo) di far sì che "informazioni, esperienze, scoperte, valutazioni di ciascun individuo diventano patrimonio comune dell'intera organizzazione, fissandole nella memoria dell'organizzazione, codificandole in norme, valori, metafore e mappe mentali in base alle quali ciascuno agisce. Se questa codificazione non avviene, gli individui avranno imparato, ma non le organizzazioni".

L'apprendimento, nelle forme che abbiamo visto (conscio e inconscio, auto ed etero), è l'arma più potente per fronteggiare l'ignoranza nelle sue varie forme, in particolar modo quella funzionale ed emotiva, ostacolo a qualsiasi tentativo di miglioramento, diversamente insormontabile. Pertanto, è un'arma da maneggiare con cura e attenzione, senza rischiare l'estremo opposto della Sindrome dell'Impostore. Ricordalo.

L'apprendimento spinge te e il tuo gruppo nell'anello successivo, quello della decisione.

Una volta che avrai analizzato, compreso e conosciuto, ti verrà più facile e automatico prendere decisioni, anche quelle a cui prima non pensavi e sicuramente nella maniera in cui prima non pensavi. Apprendimento cognitivo ed emotivo è il carburante del tuo successo.

Decidi di decidere, prima di tutto: individua i tuoi traguardi da raggiungere e mappali dettagliatamente, temporizzandoli ("un obiettivo è un sogno con una data di scadenza", Napoleon Hill). L'ho già detto, il discrimine tra un bel sogno e una bella realtà sta proprio nell'atto della decisione.

In un meccanismo di apprendimento organizzativo, ciò che vale per te, vale, come dicevo, per tutto il tuo gruppo, ad ogni livello di responsabilità; le decisioni inizieranno ad essere più rapide, coerenti e finalizzate a risultati concreti. La decisione è il momento che precede l'azione.

Siamo nell'ultimo anello dell'imbuto. Agisci.

Ricorda: i fondamentali dell'azione di successo sono l'etica e l'empatia. Sono due concetti strettamente legati tra di loro, in mancanza dei quali è molto difficile (per non dire impossibile) che l'azione possa portare al successo nel lungo periodo.

Agisci e prenditi la responsabilità di tutto.

Prenditi la responsabilità di tutto e agisci.

Inizia da lì, da quella cosa a cui hai pensato ora. Inizia proprio da lì. Percorri il *funnel*, tutto, senza scuse, senza tralasciare nulla e agisci, perché hai gli attrezzi per farlo.

Prendi il tuo sogno e realizzalo. Punto.

Entra nel *flow*, quello più importante per te.

Prendi la tua vita e portala dove vuoi che sia: è solo tua e dipende solo da te.

RIEPILOGO DEL CAPITOLO 3:

- SEGRETO n. 1: La conoscenza non può più essere intesa come possesso di nozioni.

È necessario andare più a fondo, nel possesso e nella gestione di quelle caratteristiche individuali in grado di fare realmente la differenza, prime tra tutte, l'intelligenza emotiva.

- SEGRETO n. 2: Ho provato a derivare dal marketing un modello, quello del *funnel*, e di applicarlo all'ignoranza / conoscenza, in modo da strutturare un percorso di miglioramento degli schemi di pensiero.

- SEGRETO n. 3: La consapevolezza è la prima abilità da sviluppare per intraprendere un percorso di miglioramento personale: essa è figlia dell'ascolto.

Poi, l'interesse, che crea uno stato di elevata attenzione verso un qualcosa e genera l'apprendimento. A seguire, la decisione, quel "click" che fa la differenza tra la realizzazione e la non realizzazione di un sogno. Infine, l'azione: siamo quello che facciamo. L'etica e l'empatia sono i binari dell'azione di successo.

Capitolo 4:

Il mio esempio di percorso nel *funnel*

4.1 La salita

> *"Se vuoi cambiare il mondo,*
> *prendi la tua penna e scrivi".*
>
> *Martin Lutero*

Avevo trentasei anni il giorno in cui sono morto. Della mia ricerca della felicità avevo toccato il punto più alto… tante cose, ancora, non me le spiegavo, ma mi sentivo pieno.

Poi la vita finì, *quella* vita finì. Adesso ne ho un'altra… e quel che faccio è: cercare di capire.

Mi chiamo Antonino Russo e vivo a Mola di Bari, dottore magistrale in Economia & Management, direttore generale di un'azienda commerciale, piccolo imprenditore e consulente di direzione… ma non è stato sempre così.

Ecco, sono qui a condividere la mia storia con te ed è la prima volta che lo faccio, a viso aperto, parlando direttamente di me (e non mi viene facile), perché vorrei essere la prima testimonianza di quello che ho scritto nelle pagine precedenti, dandoti conto del funzionamento del modello a imbuto che ho teorizzato.

Ma andiamo con ordine e partiamo dalle origini… più o meno.

Se rivolgo lo sguardo indietro, vedo un ragazzo di ventiquattr'anni (oggi, ahimè, ne ho quasi venti in più), giovane operaio della catena di montaggio dello stabilimento Fiat di Melfi, e parto da lì, da quella sensazione che è un misto tra sicurezza e insoddisfazione, che conservo intatta e che altre volte, poi, avrei avuto modo di provare.

Non sapevo ancora se quella cosa fosse la vita.

In verità, mi sarei aspettato qualcosa di meglio, ma non sapevo se fossero solo velleità di un mondo non mio, visto in TV, o se fossero cose realmente materializzabili dalle persone comuni.

Noi italiani, in particolare al sud e in particolare nei piccoli centri, nasciamo con un diavoletto poggiato sulla spalla che costantemente ci sussurra all'orecchio:

"Ma dove devi andare? Ma cosa pensi di poter fare? Ma stai dove sei, che sei già fortunato... Devi vergognarti, se solo pensi di andare un gradino più in alto. Se hai dei sogni, sei un folle, cancellali immediatamente. Se vuoi stare bene, devi aspirare al piccolo, così non resti deluso... Vola basso così se cadi ti fai meno male..." e cose di questo tipo.

È un diavoletto che la nostra società e le nostre famiglie ci regalano fin dalla nascita e che alimentano (così come alimentano noi) per farlo crescere di giorno in giorno forte e sano. È una cappa enorme che ti schiaccia verso il basso e ti fa soffocare del tuo stesso peso, una cappa che è molto difficile da fracassare, cosicché la maggior parte di noi, sotto quel grigiore, ci resta, senza nemmeno provare a sfondarlo, sprecando vite nella convinzione di stare bene così.

Di quella sensazione di sicurezza e d'insoddisfazione prevalse in me la seconda parte, e presi consapevolezza, la prima imprescindibile condizione per poter evolvere: consapevolezza di me, di ciò che si poteva e di ciò che mi circondava. Conservavo dentro di me tutti gli stimoli dei due anni di servizio nell'Arma dei Carabinieri, in Calabria e in Sicilia.

Mi avevano formato e regalato tante soddisfazioni per numerosi riconoscimenti di servizio ottenuti. Conservavo anche gli stimoli della mia infanzia, essendo nato e avendo vissuto per i primi anni della mia vita in Germania, figlio di genitori emigranti, per poi stabilirci a San Fele, un piccolo comune della provincia di Potenza. Avevo vissuto e conosciuto diverse città, avevo avuto modo di studiare in vari corsi di formazione, mi ero costruito gli strumenti per poter aprire gli occhi sulla mia realtà e su ciò che avrei potuto fare.

Avevo la passione per la scrittura, avevo iniziato a vincere qualche premio letterario e iniziavo ad interessarmi al mondo delle aziende, ma mi sentivo ignorante. E lo ero… e lo sono tutt'ora. La consapevolezza del mio stato di fatto interno ed esterno cominciava a creare l'interesse, così iniziai a frequentare il Learning Center, istituto di formazione dell'ISVOR Fiat e a studiare prima e dopo il mio turno di lavoro, ma non mi bastava più.

Il terzo anello del *funnel* (ma allora non conoscevo queste cose) è la decisione.

La consapevolezza, a cui segue l'interesse e i successivi processi di apprendimento, arginando grossa parte della tua ignoranza (strutturale, funzionale ed emotiva), conduce alle decisioni, quelle importanti, quelle che ti cambiano la vita, quelle coraggiose e controintuitive, quelle che appaiono, in una parola, folli.
"Lascio il posto di lavoro e mi iscrivo all'università".
A ventiquattro anni suonati. Fui preso davvero per pazzo da tutti, genitori, amici, per scansafatiche, per inconcludente e, chi più ne aveva… non si risparmiò.

Ma i miei "posso farcela" gridavano più forte dei "dove credi di andare" del diavoletto e di tutti quelli che lo sfamavano. Tutto ciò che venne fu azione (ricordati: siamo quello che facciamo, non quello che diciamo), l'ultimo anello del *funnel* prima del successo. Iniziai a studiare come un matto, di sera fino a notte fonda lavoravo in un bar, non potevo e non volevo deludere nessuno; la mia famiglia mi sosteneva e mi aiutava come poteva, a cui devo tanto per i valori e per la libertà di scelta che mi ha sempre concesso, me stesso, ma soprattutto non potevo permettermelo proprio per una questione di dignitosa sopravvivenza.

Avevo una paura fottuta, ero solo sull'isola a combattere il nemico e avevo bruciato le mie navi, un solo errore mi sarebbe stato fatale. Studiavo e lavoravo. Lavoravo e studiavo.

Ma ancora non bastava.

Presi i (pochi) risparmi del mio lavoro in Fiat e li investii aprendo la mia prima azienda con due amici, una piccolissima realtà: facevamo ricondizionamento di cartucce di stampa e servizi per l'ambiente. Lavoravo, studiavo e applicavo i miei studi in azienda, sperimentavo piccoli modelli di gestione e li riportavo all'università come base per alcuni esami… ero nel *flow*.

Conseguii la laurea in Economia e Commercio in tre anni e mezzo e, quasi contemporaneamente, fui, inaspettatamente, vincitore del premio Marrama, *Alla Ricerca di Talenti*, edizione 2003, riconoscimento della fondazione Banco di Napoli, che premia i giovani imprenditori più innovativi del centro-sud Italia.

Ero all'apice: arrivarono interviste, contatti, la nostra piccola storia imprenditoriale entrò in una collana di libri edita dal quotidiano Il Denaro e su diversi giornali. Eravamo, improvvisamente, così piccoli e così grandi contemporaneamente. Avevo percorso tutto il *funnel*, senza saperlo e senza risparmiare neanche un millimetro di me stesso, e adesso mi sentivo sul tetto del mondo: avevo avuto il mio successo.

4.2 La risalita

> *"L'individuo ha sempre dovuto lottare*
> *per non essere sopraffatto dalla tribù.*
> *Se lo provate, sarete spesso soli e, a volte, spaventati.*
> *Ma nessun prezzo è troppo alto da pagare*
> *per il privilegio di possedere se stessi".*
>
> *Friedrich Nietzsche*

Dopo questo successo, per qualche dissidio interno, decidemmo di chiudere l'azienda, avevo bisogno di lavorare e presi il primo lavoro che ebbi a tiro, in una catena di supermercati ed ipermercati. La prima mansione che mi fu assegnata consisteva nel pulire gli scaffali e sistemare i cartoni di merce. Mi ritrovavo al punto di partenza. Ero crollato a picco: tutto da rifare.

M'iscrissi immediatamente al corso di laurea specialistica, studiavo in macchina, nel parcheggio del supermercato nelle ore di buco e, nello stesso tempo, lavoravo sodo.

Per avere successo devi impegnarti a fondo in quello che fai, qualsiasi cosa essa sia, prima di pensare a ciò che vorresti essere e dove vorresti andare (cosa che devi sempre fare), devi dare il massimo in quello che sei e che stai facendo al momento, anche se ti sembra non c'entrare nulla, è un passaggio essenziale per arrivare dove vorresti.

Lavoravo e vivevo a Battipaglia, ma avevo conservato la locazione della casa a Benevento, dove studiavo e avevo conosciuto quella che poi sarebbe diventata mia moglie. Guadagnavo novecento euro e ne spendevo più della metà in fitti, giravo con una vecchia Clio e con un materasso sul sedile posteriore che spostavo da una parte all'altra.

Ero completamente sballottato ma… dovevo farcela.

Consapevolezza, interesse, impegno, studio, e poi decisione, quella di accettare un nuovo incarico: la direzione di un ipermercato di nuova apertura. Avevo ventott'anni e l'azienda aveva visto in me la persona a cui affidare la gestione della seconda struttura più grande della sua rete, un incarico di grossa responsabilità, con decine di persone da coordinare e risultati da assicurare. Non male… per un povero operaio.

Non avevo (e non ho) ancora raggiunto il grande scopo della mia vita; ma per dire se hai vinto ho perso, per ogni traguardo che raggiungi, devi ricordarti da dove sei partito.

Per essere la causa del tuo futuro, devi ricordarti che sei, contemporaneamente, il risultato del tuo passato. Questo devi averlo ben in mente. Sempre.

Come nello schema precedente: lavoravo, studiavo e applicavo i miei studi in azienda, sperimentavo piccoli modelli di gestione in azienda e li riportavo all'università come base per alcuni esami… ero di nuovo nel *flow*. Trovai anche il tempo per sposarmi e per iniziare (materialmente e metaforicamente) la costruzione di una casa, poi nacque Giorgia.

Insieme a mia moglie, aprii la mia seconda azienda, tutt'ora esistente. Completai questo *funnel* con la laurea magistrale in Economia & Management, con una tesi di neuromarketing applicata all'azienda di GDO in cui lavoravo, con un nuovo modello di studio (fino ad allora inesistente in letteratura economica) degli stimoli ambientali sul comportamento d'acquisto negli stores.

Conseguii il titolo con il massimo dei voti, con la mia bambina in braccio e con l'ovazione della commissione e di tutta l'aula che ripagava quanto fino a quel momento avevo dato. Ero arrivato esattamente dove volevo. Nulla contava più: le mie paure, le mie pene, le mie fatiche... avevo dovuto correre più degli altri senza girare mai la testa, ma avevo recuperato tutto ed ero andato oltre.

Riuscivo a vedere solo il punto di partenza e quello d'arrivo, dove mi trovavo; tutto ciò che era in mezzo sembrava, in quel momento, come improvvisamente sparito.

Ero di nuovo sul tetto del mondo, del *mio* mondo, in tutti gli ambiti della mia vita. Mi sentivo pieno.

La parola che c'è in fondo ad ogni *funnel* è sempre la stessa: successo. Il tuo successo, qualsiasi esso sia, il raggiungimento, cioè, dello stato a cui aspiri.

Ogni *funnel* successivo è incrementale rispetto a quello precedente e la parola "successo", che conclude ogni *funnel,* è scritta sempre ad un livello più alto di quella del *funnel* precedente.

4.3 Il buio e la luce

"Sii forte che nessuno ti sconfigga, nobile che nessuno ti umili,
e te stesso che nessuno ti dimentichi".

Paulo Coelho

Poi, in una maledetta mattina di ottobre, all'improvviso, tutto finì.

Non puoi cambiare gli eventi esterni, non puoi cambiare nulla di ciò che è fuori da te, puoi cambiare solo te stesso rispetto a ciò che è fuori.

Solo cambiando te stesso, riuscirai a cambiare, poi, il mondo che è intorno a te. È la tua capacità di relazionarti con gli eventi esterni che fa di te una persona anziché un'altra, che fa la differenza per la tua esistenza e, a volte, per la tua sopravvivenza.

Inoltre, fa la differenza per la tua capacità di modificarti, fino renderti più grande di loro, per riportarli sotto il tuo controllo e non soccombere.

Avevo trentasei anni, quella maledetta mattina, quando tutto l'universo si sgretolò in un'istante, in quella che è la più disumana delle cose che possa capitare ad un essere vivente (uomo o bestia

che sia), perché, quando ti muore un figlio tra le braccia, di te resta poco o nulla. Quella mattina la mia piccola Giorgia, di soli tre anni non ancora compiuti, andò via così. Non aggiungo altro.
Era tutto finito.

Il resto è una storia di follia, di famiglie distrutte, di ambulanze nella notte per curare malori, di medici, di psicologi, di giornali, di un'intera comunità intorno ad un dramma. Con lei, morì una parte di noi che non tornerà mai più.
Ero entrato nel *funnel* più difficile della mia vita, in bilico tra l'alienazione e la realtà. È un dolore non descrivibile, che ti trasforma mentalmente e anche fisicamente; è un handicap emozionale che ti porti a vita.

Ero diventato una larva umana, ma, piano piano, la vita riprese il sopravvento, dovevo uscirne… in qualche modo dovevo uscirne. Piano piano, presi consapevolezza, ci vollero mesi; piano piano, imparai a gestire emozioni che non conoscevo e che non auguro a nessuno; piano piano, presi la decisione più importante: quella di continuare a vivere.

Era tutto da ricostruire e, insieme a mia moglie, ricostruimmo, piano piano, tutto, a partire dai due splendidi bambini che sono arrivati e che sono tutta la nostra vita.

Giorgia è dentro di noi, più che mai, e cresce con noi.

A lei è dedicato un concorso nazionale di scrittura creativa, *Una Fiaba è... per Sempre*, che mi onoro di presiedere, un'associazione che destina in progetti a sostegno dell'infanzia i proventi dei libri di fiabe che, annualmente, scaturiscono dal concorso e una pagina Facebook, *Con Giorgia per la Vita*.

"Consapevolezza", anche in questo caso, è la prima parola che mette in atto il cambiamento, anche quando è difficile assumerla, anche quando non vorresti perché fa male, anche quando è forte l'istinto di mandarla via, perché pensi di stare meglio senza.

A maggior ragione, è proprio in quel momento che devi impugnare il coraggio per fare tua la consapevolezza del tuo reale stato di fatto, interno ed esterno; è il primo passo per uscire fuori da quel ripostiglio in cui qualcosa della tua esistenza ti ha spinto. Non devi mai chiederti il perché, questo mi ha salvato.

La consapevolezza dipende molto dalla qualità delle domande che ti fai e, in questi casi, la domanda non deve mai essere "perché?", poiché è una domanda che non ha risposta e ti fa cadere in un vortice senza fine che ti porta ad impazzire.

Anche se "perché?" s'infila tante volte nella tua mente, devi cercare di non cadere alla sua seduzione, di mandarlo via, facendo in modo che tutte le tue domande inizino con "come" (come posso fare per...? ecc.), altrimenti non ne esci fuori.

La consapevolezza crea l'interesse e l'apprendimento per arginare quella parte d'ignoranza, (in questo caso emotiva) che ti tiene ancorato al tuo stato non soddisfacente, apprendimento delle capacità di gestione delle emozioni (anche e soprattutto di quelle che non vorresti mai provare).

Sono proprio le emozioni che porteranno la tua vita in una o in un'altra direzione. La decisione, anche quando si tratta della più forte e drastica della tua vita, scaturisce dai due livelli precedenti ed è tanto più accurata e corretta, quanto più è forte la consapevolezza e più è sviluppata la conoscenza derivata dall'interesse e dall'apprendimento.

Poi, a seguire, l'azione: tutto deve tradursi in realtà, altrimenti è solo un viaggio immaginario che non porta a nulla, sia per le cose belle che per quelle brutte. Anche se sei nel fondo più profondo che possa esistere, puoi farcela; devi avere il coraggio di mettere in pratica le azioni giuste, anche se dolorose, per andare nella direzione verso cui vuoi portare la tua vita.

Ho voluto dartene esempio con la mia esperienza.

Anche quando sei nel turbine di una forza più grande di te, devi riuscire ad incanalarla nella direzione giusta, per salvarti: quel dolore spietato che mi stava divorando poteva prendere qualsiasi direzione, ma ha preso quella di un'associazione benefica a sostegno dell'infanzia e di un concorso.

Quest'ultimo muove, ogni anno, centinaia e centinaia di bambini (ma anche adulti), stimolando la loro crescita creativa, e questa è solo una delle azioni di cui ti parlavo. Anche la scrittura di questo libro è un'altra di quelle azioni, la conclusione di un altro mio *funnel*. È solo così che puoi trasformare la tua vita ed amarla, nonostante le brutture che potrai incontrare sul tuo cammino.

È il gioco dell'equilibrio tra il verso e l'inverso, su cui si fonda la nostra esistenza, e più è forte l'uno, più dev'essere forte l'altro: è per questo che amo così tanto la vita, perché conosco così bene la morte.

Sono stato all'inferno e sono tornato… e pure se quell'inferno bussa spesso alla mia porta, non c'è più posto per lui.

Ho affilato le armi per combatterlo e, anche se a volte la battaglia diventa dura, finora sono riuscito a vincere ed è quello che hai il dovere di fare anche tu: "prendere la tua vita e farne un capolavoro", per come vuoi e per come puoi: unico ed inimitabile.

Immaginavo che scrivere di sé, della propria storia, non fosse semplice, ma, devo dire, non credevo così difficile.

Avevo, però, l'obbligo di farti toccare con mano, nella maniera più diretta, quanto ho scritto nei capitoli precedenti, lasciando da parte le tante vicende che ho avuto modo d'incrociare nella mia esistenza e mettendoti davanti agli occhi quella mia, personale e cruda.

Non importa quante volte cadi: la vita mi ha spinto in basso tante volte e non posso escludere che lo faccia ancora, così come mi ha dato tanta meraviglia.

Ciò che conta sono i meccanismi che metti in atto per condurla dove vuoi, intoppo dopo intoppo, successo dopo successo, quel coraggio di afferrare una fune con le mani sanguinanti e tirarti fuori da un baratro o di aprire le ali e spiccare il volo da una vetta.

Quella forza, nel bene e nel male, fatta di consapevolezza, autogestione, cognitiva ed emotiva, decisione ed azione, capace di farti vivere la vita tua e non quella che gli altri vorrebbero per te.

RIEPILOGO DEL CAPITOLO 4:

- SEGRETO n. 1: Per dire se hai vinto ho perso, per ogni traguardo che raggiungi, devi ricordarti da dove sei partito.

Per essere la causa del tuo futuro, devi ricordarti che sei, contemporaneamente, il risultato del tuo passato.

- SEGRETO n. 2: Ogni *funnel* successivo è incrementale rispetto a quello precedente e la parola "successo", che conclude ogni *funnel*, è scritta sempre ad un livello più alto di quella del *funnel* precedente.

- SEGRETO n. 3: Prendi il tuo sogno e realizzalo. Punto.

Non importa quante volte cadi, ciò che conta sono i meccanismi che metti in atto per condurre la tua vita, dove vuoi che essa stia, intoppo dopo intoppo, successo dopo successo.

Conclusione

Siamo storie speciali e fantastiche, ognuno di noi lo è; anche tu lo sei e, forse, semplicemente, non l'hai ancora capito.

Prendi il meglio di te stesso, spogliati di ciò che ti sei ritrovato addosso e che non ti appartiene, chiediti chi veramente sei. Chi sei senza i tuoi panni, senza i tuoi ruoli (di figlio o di figlia, di padre o di madre, di marito o di moglie, di lavoro, ecc.)? Quanta parte della tua vita hai scelto di vivere e quanta ne hai vissuta per volere degli altri (di chi ti sta vicino, della società, della scuola, delle opinioni di chiunque)? Quanto sei di te stesso e quanto sei degli altri?

Lavora per essere "la migliore versione di te", ti assicuro, è più facile farlo che non farlo. Gli anni che verranno saranno anni di grandi cambiamenti e la cosa che evolverà più di tutte sarà proprio la velocità del cambiamento.

Dovremmo quindi conoscere ed abituarci ad uno stare al mondo diverso da quello che conosciamo oggi; vedremmo cose che non immaginiamo ancora, diventeremmo, probabilmente, una specie multi-planetaria.

Dobbiamo, dunque, prepararci a questo… Tu come lo stai facendo? Guardando alla durata dei modelli di società, si percepisce fortemente la variazione esponenziale della velocità del cambiamento: la società agricola è durata novemila settecento anni (dall'800 a.C. al 1700 d.C.); la società industriale è durata duecentosettant'anni (dal 1700 al 1970); la società dei servizi è durata trentacinque anni (dal 1970 al 2005); la società globalizzata… vedremo.

Abbiamo toccato quei fattori che, molto probabilmente, faranno la differenza nel prossimo futuro e non sono quelli che abbiamo fortemente sviluppato fino ad oggi, perché tutto è in trasformazione esponenziale. Pensa, per esempio, che il numero dei device connessi ad internet nel 1984 era di mille, nel 1992 era passato ad un milione, nel 2008 aveva raggiunto un miliardo, nel 2017 era di venti miliardi, nel 2020 se ne stimano cinquanta miliardi.

Si stima, inoltre, che nel 2021 i robot avranno sostituito il 6% dei lavoratori nel mondo (e non solo per mansioni totalmente meccaniche).

Nel prossimo futuro, non cercheremo più i prodotti e i servizi, ma saranno loro a venire a cercare noi, attraverso i social media, secondo le nostre specifiche esigenze. Già oggi, se Facebook fosse un Paese, sarebbe il più grande al mondo. Il numero d'informazioni tecniche raddoppia ogni due anni, per cui ciò che uno studente inizia a studiare al primo anno di università potrebbe essere già vecchio al terzo e le dieci professioni più richieste oggi, una decina di anni fa, non esistevano ancora. Il dipartimento del lavoro degli Stati Uniti stima che gli studenti di oggi cambieranno tra i dieci e i quattordici lavori entro i trentott'anni di età.

Nel 2019, le vendite di orologi da parte di una sola azienda, la Apple, hanno superato quelle di tutta l'industria orologiera svizzera. Questo a dimostrare che l'interesse per un orologio non è solo un orologio, così come quando ci fu il sorpasso tra un oggetto che non era più solo un telefono, lo smartphone, e tutti gli altri telefoni. Questa è la cartina al tornasole del passaggio ad un'era in cui l'ibridizzazione e la contaminazione sono la regola, in contrapposizione e in fuga da quella precedente, in cui eravamo tutti impegnati a "tracciare linee", e la regola era questa: confini precisi tra le cose, tra i concetti.

Divisioni esatte tra ciò che stava da una parte e ciò che stava dall'altra: un oggetto aveva una funzione e un altro oggetto ne aveva un'altra; un'ideologia era in un modo e un'altra era nel modo opposto; una specializzazione era ben netta e non aveva bisogno di competenze riservate ad un'altra specializzazione; un padre era un padre ed un figlio era un figlio; un marito era un marito ed una moglie era una moglie (ed i confini dei ruoli non si valicavano), e via dicendo.

Effettuavamo classificazioni precise (l'ho fatto anch'io, ogni tanto, in questo libro, ma, concedimelo, sono pur sempre figlio del Novecento), costruivamo muri (quello di Berlino non è l'unico) e tutte le staccionate che mettevamo avevano il risultato di opporre una parte all'altra creando avversità e conflitti (spesso anche bellici). La rivoluzione mentale che ha generato la sottostante rivoluzione digitale, come ho già scritto, con cui l'uomo sta cercando (e ci sta riuscendo molto bene) di fuggire a tutti i blocchi costituiti nell'era precedente, ha tra i suoi grandi effetti quello di abbattere le demarcazioni, di rendere tutto più sfumato, "liquido", per non dire quasi "gassoso".

È così che ogni cosa, ogni oggetto, ogni uomo, ogni concetto è diventato e sta diventando sempre più, un complesso di tante cose messe insieme contemporaneamente e, siccome il luogo in cui stiamo andando è il futuro, (non il passato) non possiamo pensare nella stessa maniera in cui siamo stati abituati a fare, fino a pochissimi anni fa.

È questo il confine più grosso (questa volta naturale) che si è creato tra due macro-generazioni, la generazione che pensa ancora in modo "sequenziale", classificatorio (una cosa viene prima e l'altra è successiva, ecc.) e la generazione che pensa in modo "reticolare", complessivo, saltando passaggi e, trovando le connessioni dirette, i link che portano immediatamente da un punto e l'altro, senza orpelli e soste intermedie.

Macro-generazioni che si guardano in modo sospetto e, spesso, non si capiscono tra di loro: un direttore rabbrividisce quando un ragazzo della generazione Z, con un passaggio di due click, risolve un problema in azienda che, normalmente, avrebbe richiesto ore o giorni di lavoro, ma entra in ufficio senza nemmeno bussare, mostrandoglielo e dandogli del "tu" (questi giovani maleducati). Mentre, lo stesso ragazzo rabbrividisce quando, per ottenere un semplice giorno di permesso, deve fare domanda al proprio capo di turno, poi farla vidimare all'ufficio del personale, poi attendere la firma del direttore e tutto il passaggio a ritroso, fino ad avere in mano l'autorizzazione (questi vecchi imbalsamati).

In questo momento, lavorano fianco a fianco quattro generazioni di persone, quelli che hanno sessantacinque anni, quelli che hanno cinquant'anni, quelli che hanno trentacinque anni e quelli che hanno vent'anni, con tutte le loro differenze.
Questa, come abbiamo visto, è causa di tutta quella serie di paradossi e contraddizioni di cui abbiamo parlato.

Immagina che ogni anno viene prodotta una quantità d'informazioni più grande di quella prodotta in cinquemila anni di storia e che, tra qualche anno, un computer che costa meno di mille euro avrà più capacità di calcolo di tutta la specie umana.

Ecco, sono questi numeri impressionanti, che fanno riflettere, e sono solo alcuni, basta una breve ricerca per trovarne altri.

Il concetto è che tutto sta cambiando, sta cambiando ad una velocità mai vista prima e questa velocità aumenta in maniera esponenziale. La domanda è: Tu, stai cambiando? O pensi di poter rimanere a galla in tutto questo cambiamento, facendo le cose nello stesso modo in cui le facevi fino a ieri, pensando nella stessa maniera in cui pensavi fino a ieri?

È qui la chiave: nelle tue modalità di pensiero. Abbiamo visto che l'ignoranza è una condizione naturale dell'uomo e, insieme, a vari gradi, un fattore fortemente limitante per il benessere e la qualità della vita di ogni essere umano.

Avremmo bisogno sempre più di maggiore conoscenza, ma in maniera diversa rispetto a quanto abbiamo fatto fino ad oggi, per far sì che le tonnellate d'informazioni che ci invadono non si trasformino in crescita di ignoranza.

Avremmo bisogno di guardare alla conoscenza non più in senso statico, ma dinamico, non più come possesso di nozioni, ma come capacità di metabolizzazione, di conoscenze utili, trasformandole in energia sana, finalizzata ad azioni vincenti e di scarto d'informazioni non utili.

Dovremmo sviluppare la capacità d'imparare, disimparare e imparare di nuovo, costantemente.

Tra questi passaggi, quello più difficile è il secondo, disimparare: è qui che cadiamo più spesso, nell'incapacità di distruggere quelle congetture, quelle abitudini, che non sono più utili, anzi, sono un freno al nostro miglioramento personale. Ignoranza e cambiamento non vanno molto d'accordo, sono proprio agli antipodi, direi.

"L'ignoranza ha sempre paura del cambiamento", come afferma Jawaharlal Nehru, e il cambiamento, quello costruttivo, non è mai attuabile in presenza d'ignoranza, aggiungo io.

In questo libro, ho teorizzato un piccolo modello per poter fare questo, per poterti aiutare a sviluppare dei meccanismi utili ad arginare l'ignoranza bloccante, al fine del miglior progresso di te stesso. Sarà, dunque, lo sviluppo dell'intelligenza emotiva (più di quello dell'intelligenza logico-razionale) la chiave per il successo nel futuro.

Più andremo verso le macchine, più avremo l'esigenza di sentirci quello che siamo, umani; più affineremo la nostra tecnologia, più dovremo affinare la nostra coscienza; più saremo portati ad essere altro da noi stessi, più ci avvicineremo all'essere il nostro Io più profondo. Ho voluto mostrarti un nuovo punto di vista e spero ti possa essere utile. Auspico ti sia già chiaro che tutto dipende da te, dalla tua capacità di evoluzione. "Sii il cambiamento che vuoi vedere avvenire nel mondo", come diceva Gandhi.

Mettiti nella condizione di poter dichiarare sempre: "Il meglio deve ancora venire. Ci saranno ancora giorni meravigliosi, momenti in cui sentirò picchiare forte il petto dall'interno, in cui avrò il respiro corto e gli occhi pieni di stupore… e se anche non dovesse essere, se questo fosse l'ultimo dei giorni, va bene così.

Perché il film della mia vita lo guarderei ancora mille volte senza annoiarmi, perché questo viaggio è stato il migliore che potessi fare, perché tutto è stato esattamente come l'ho voluto: straordinariamente imprevedibile, terribilmente incomprensibile e magicamente irripetibile".

"Non puoi tornare indietro e cambiare l'inizio, ma puoi iniziare da dove sei e cambiare il finale" (C.S. Lewis).

Se questo libro ti è piaciuto e vuoi farmelo sapere di persona,

o se vuoi contattarmi perché io possa aiutarti in qualcosa,

soprattutto in ambito aziendale, puoi trovarmi su Facebook o

Linkedin, o puoi scrivermi agli indirizzi di posta elettronica:

antoninorusso@email.it e antonino.russo1976@mail.com

www.ingramcontent.com/pod-product-compliance
Lightning Source LLC
LaVergne TN
LVHW020322200726
843507LV00012B/2195